U0165664

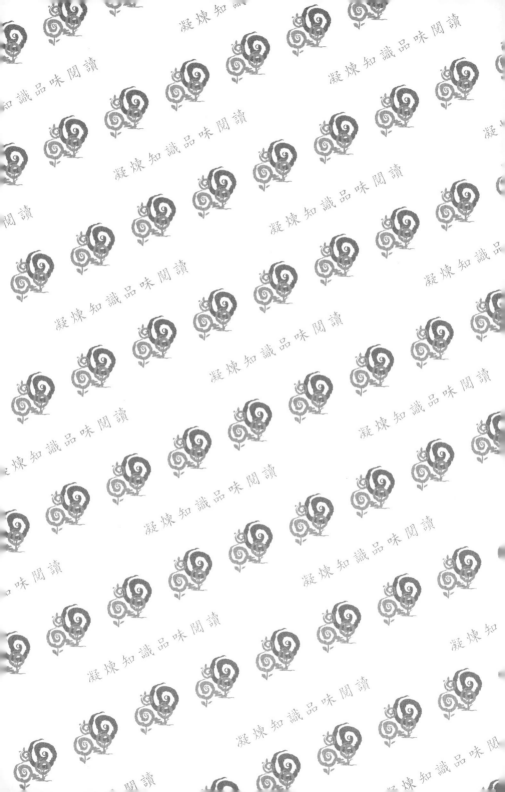

國際私法
理論與案例研究 ②

林恩瑋 | 著

謹以本書獻給——
　　　恩師陳隆修教授

序　言

　　本書距離2011年出版的首部作品已五年有餘，承蒙五南圖書出版股份有限公司的協助，讓這本「國際私法理論與案例研究（二）」得以順利問世。

　　在重新編輯這本小書的同時，這幾年的學術生活所經歷的一切人事物宛如重現，歷歷在目。回到母校東海大學服務，跟隨我所尊敬的師長們的腳步，走上法學教育的漫長路途，是我人生中最重要的選擇之一。

　　一路走來，不斷蒙恩，只有更加督促自己，將研究踏實完成，來回報所有幫助我的人們。

　　我要特別感謝恩師陳隆修教授，是他引領我進入國際私法的園地，領略這門學科的豐富與美麗。我永遠記得，研究所碩士班那年的夜晚，與恩師一起在東海別墅咖啡館中徹夜長談論文內容，直至店家打烊，仍然意猶未竟的一段往事。謹以本書，獻給恩師陳隆修教授，以感念恩師提攜教育之情。

林恩瑋
2017年2月20日於東海

目 錄

序 言

第一部分　法律衝突論

第一章　外籍配偶繼承權之法律適用問題研究：以最高法院97年度台上字第2051號民事判決爲中心

第二章　涉陸婚姻事件之法律適用問題研究

第三章　網路誹謗的法律適用問題研究

第二部分　管轄衝突論及其他

第一章　國際私法上選購法院問題之研究

第二章　我國法制下外國人民事法律地位問題之研究：兼論大陸及港澳地區人民之法律地位

第三章　涉外假扣押程序的國際管轄權問題

第四章　最近十年臺灣國際私法學研究之新發展

第一部分

法律衝突論

|第一章|
外籍配偶繼承權之法律適用問題研究：以最高法院97年度台上字第2051號民事判決為中心

壹、前　言

　　臺灣土地法律政策上，對於外國人是否得取得臺灣的土地[1]，採取互惠原則，而非平等原則之立場[2]。土地法第18條規定：「外國人在中華民國取得或設定土地權利，以依條約或其本國法律，中華民國人民得在該國享受同樣權利者爲限。」即昭示了互惠原則的意旨。而當這一個問題涉及到外國人繼承臺灣之被繼承人不動產遺產時，則更顯複雜。

　　最高法院97年度台上字第2051號民事判決，就是同時涉及到對於外國人取得土地限制，與外國人繼承權利承認的一件涉外民事糾紛。系爭案件中，最高法院試圖提出一項衡平的解決方案，以解決外國繼承人（配偶）之繼承權保障與臺灣土地法政策

---

[1] 此處「外國人」應指最狹義的外國人，即不具有中華民國國籍者，不包含華僑、港澳地區人民與大陸地區人民者。

[2] 學者有主張，土地法第18條規定「依其本國法律」，無異將我國本諸獨立主權即可決定之事項，委諸外國法律規定，殊非妥適。參照溫豐文，土地法，自刊，2003年，頁79。

對於外國人取得土地限制規定間之衝突問題。本文之目的，即在於分析並評釋系爭判決的推論過程，以供我國法院與學界在外國人之民事法律地位問題上之參考。

貳、判決要旨

一、事實概要

被繼承人臺灣人A男與越南國籍原告B於民國90年10月25日結婚，被告甲、乙、丙係A與前配偶C所生之子女，嗣A於94年5月13日死亡，其遺產共有汽車一部、租金收入109萬元、三筆土地及三幢房屋（以下合併簡稱系爭遺產）。B欲辦理繼承登記，屢向被告等人商量，惟被告等人均置之不理，A因而起訴請求裁判分割系爭遺產，並聲明「一、被告應協同原告就如附表所示之遺產（即系爭遺產），按原告及被告等三人之應繼分各四分之一，辦理繼承登記；二、請求法院依上開繼承登記應繼分繼承；三、訴訟費用由被告等負擔」。

二、案件爭點

(一)越南國人得否在我國繼承取得土地之權利？

(二)遺產中土地、建物及汽車部分，性質上無法採原物分配之方式分割，是否可採變價分配之方法以實現上訴人本於繼承權之請求？

三、兩造爭執要旨及攻擊防禦方法

(一) 原告部分

1. **土地法規定不能剝奪越南人之法定繼承權**：土地法第17、18 條及內政部90年3月23日（90）台內地字第9004760號函文 雖有「越南人不得在我國取得或設定土地權利」之規定，但 只是禁止越南人取得或設定我國土地之權利，並不能剝奪越 南人之法定繼承權，故土地法第18條及上開內政部函文之規 定，乃於越南人為中華民國人之繼承人時，**對其繼承遺產之 方法及效果所為之限制，並未進一步剝奪其繼承權，而繼承 財產如有以土地、房屋為標的者，應將上訴人身為繼承人之 繼承權利折算為價額。**

2. **可採變價分配之途實現越南籍配偶的繼承權請求**：雖上訴人 為越南國人，因尚未取得中華民國國籍，就系爭土地、建物 無法辦理不動產繼承登記，故就土地、建物部分，自無由採 取「原物分配」方式分割；而遺產中之汽車部分，性質上亦 無法採「原物分配」方式分割。**惟仍可採「變價分配」之途 以實現上訴人本於繼承權之請求。**

3. **土地法第18條之限制，不包括繼承取得土地之情形**：綜觀土 地法第三章對外國人地權限制之規定（第17條至第24條）： 對照第18條之前後法文當可發現，**第17條對於外國人取得特 定土地之限制並不包括繼承**（僅於該條但書規定外國人因繼 承取得特定土地須三年內出售予本國人），**第20條對外國人 取得第19條所列土地之程序規定亦將因繼承所為之移轉加以 排除**，是以，**同列為土地法第三章對外國人地權限制之第18**

條規定，實不應包括因繼承之取得，俾與該條之前後法文一貫以符整體法律體系。土地法第17條係針對外國人取得特定重要土地所為之限制，其尚且將因繼承之取得排除於此限制之外，舉重以明輕，對第18條外國人取得其他土地限制之解釋，更不應包括繼承之取得。基於上述對法律整體解釋之一貫性，上訴人認為土地法第18條對外國人地權限制之規定，應為限縮解釋，不應將繼承之取得包括在內。

4. 土地法第18條不適用於建物取得之情形：土地法第18條所規定對於外國人地權限制之項目僅止於「土地」，並不及於建築改良物（依土地法第1條規定「本法所稱土地，謂水陸及天然富源。」）是以，對於系爭遺產項目中，關於建物三筆部分，當無土地法第18條限制之適用。

5. 依國民待遇原則應給予越南籍配偶同等權利保護待遇：本件最大之爭點即在於土地法第18條之解釋與適用問題，惟該條之規定與世界貿易組織（WTO）各會員國間所遵循之「國民待遇原則」存有極大之衝突，而我國既已為WTO成員之一，對外國人權利之保護自應遵循該「國民待遇原則」，而負有予內外國人同等權利保護待遇之義務，實不應再依土地法第18條所規定之方式作為認定是否給予外國人取得土地權利保護之標準。

(二) 被告部分

1. 土地法第18條為禁止規定：按法律行為，違反強制或禁止之規定者，無效；民法第71條前段定有明文。而土地法第18條有關外國人在我國取得或設定土地權利之規定，乃國家政策

經立法機關通過所制定之禁止規定。B雖因結婚關係成為被告等先父（被繼承人）之配偶，但仍未取得我國國籍，仍屬外國人，且其本國**越南對我國人民在該國又無平等互惠規定**，已有內政部函文影本附卷可稽，是縱或被告等願意與其共同繼承系爭遺產，按諸上述法規，仍然無效。

2. **土地法第18條排除越南籍配偶繼承土地與建物之權利**：分割共有物雖係共有人權利之行使，惟必得具備「共有」之權利本身為前提要件，B既因上述法規限制而欠缺權利本身（即其非系爭遺產之共有人），即無分割共有物之權利可得行使。B依民法第1138條規定雖具備繼承人身份，但因其尚未取得我國國籍仍屬越南人，則依土地法第18條之規定與內政部90年3月23日（90）台內地字第9004760號函，**B對遺產中之土地與建物之繼承權已被排除，其對系爭遺產即欠缺「共有」之權利主體**，故其主張依民法第824條第2項規定，請求以「變價分配」方式來分割系爭遺產，顯然於法不合。

四、歷審裁判及理由要領

(一) 臺灣臺南地方法院95年家訴字36號第一審民事判決

1. 原告之訴駁回。

2. 按外國人在中華民國取得或設定土地權利，以依條約或其本國法律，中華民國人民得在該國享受同樣權利者為限，土地法第18條定有明文。次按內政部民國90年3月23日（90）台內地字第9004760號函明示：「**越南政府對我國人民在該國取得（含繼承）或設定土地權利並無互惠規定，故依土地法**

第18條平等互惠規定，越南人不得在我國取得或設定土地權利。」（……中略）則，原告既為越南國人，依上開規定及內政部函文，原告不得在我國取得不動產權利，是被告抗辯原告不能取得我國不動產即不得請求分割系爭遺產等語，為可採信。

(二) 臺灣高等法院臺南分院96年家上字10號第二審民事判決

1. 上訴駁回。

2. 土地法第18條有關外國人在我國取得或設定土地權利之規定，乃國家政策經立法機關通過所制定之禁止規定。雖同法第17條係針對外國人取得特定重要土地所為之限制，但將因繼承之取得排除於此限制之外，惟同法第18條係屬後法優於前法之同法第17條。因之，對同法第18條外國人取得其他土地限制之解釋，應包括繼承之取得，其理至明。再按內政部90年3月23日（90）台內地字第9004760號函明示「越南政府對我國人民在該國取得（含繼承）或設定土地權利並無互惠規定，故依土地法第18條平等互惠規定，越南人不得在我國取得或設定土地權利」。B既不得在我國取得土地之權利，更遑論得以變價分配之方式分割系爭遺產中之土地或是將上訴人身為繼承人之繼承土地之權利折算為價額。

3. 民法第1164條所定之遺產分割，係以整個遺產為一體為分割，並非以遺產中個別之財產分割為對象，亦即遺產分割之目的在廢止遺產全部之公同共有關係，而非旨在消滅個別財產之公同共有關係（最高法院95年度台上字第1637號、86年

度台上字第1436號判決意旨參照）。被繼承人A之遺產中，除
上開土地外，雖尚有上揭建物三筆、汽車一部、租金等等，
惟揆諸上開最高法院裁判之見解，民法第1164條所定之遺產
分割，係以整個遺產為一體為分割，並非以遺產中個別之財
產分割為對象，則**上訴人既無法繼承取得我國土地之權利，
自不得對於被繼承人A所留上開土地外其餘之遺產請求個別分
割，至為明灼。**

(三) 最高法院97年度台上字第2051號民事判決

1. 原判決廢棄，發回臺灣高等法院臺南分院。
2. 判決要旨：惟查上訴人為越南國人，且尚未取得我國國籍，
本件應屬涉外民事事件。**原審未依涉外民事法律適用法之規
定確定其準據法，遽依我國法律而為上訴人不利之判決，已
欠允洽。**如準據法為本國法，依我國土地法第18條固規定外
國人在我國取得或設定土地權利，以依條約或其本國法律，
我國人民得在該國享受同樣權利者為限。**考其立法目的乃為
因應當前國際間平等互惠原則，而就外國人在我國取得或設
定土地權利，所作限制之規定。**惟繼承係因被繼承人死亡而
開始，繼承人自繼承開始時，即承受被繼承人財產上之一切
權利義務。則**上訴人因被繼承人死亡而取得之繼承權，得否
因應繼財產中有土地，即悉被剝奪，已非無疑。**又按因繼承
人有數人時，在分割遺產前，各繼承人對於遺產全部為公同
共有，民法第1151條定有明文，且請求分割共有物之訴，應
由法院依民法第824條命為適當之分配，不受任何共有人主
張之拘束。審判上共有物分割方法，應由法院斟酌當事人之

聲明，共有物之性質、經濟效用及全體共有人之利益等公平決定之。原審既認定上訴人爲被繼承人之配偶，屬越南籍，與被上訴人同爲第一順位繼承人，依上開說明，則**上訴人主張伊爲越南國人，尚未取得中華民國國籍，就系爭土地無法辦理不動產繼承登記，惟仍可採變價分配之途，以實現伊本於繼承權之請求等語，是否全然無據，即非無再予探求之餘地**。

參、判決評論

一、判決意旨簡析

(一) 繼承準據法與內國強行法之適用問題

　　最高法院在表達對於本案之法律適用意見時，一開始即提出原審法院忽略了本案具有涉外因素（繼承人爲外國人），屬於涉外案件，原審法院卻直接以臺灣法律爲判決，已欠允洽云云，此項見解與最高法院向來堅持涉外民事法律適用法在涉外案件中的強制適用性立場一致[3]。是以，依照最高法院所建議的法律適用方式，原審法院應該先就本案原告所提出之相關事實及法律主張

---

[3]　關於選法理論之強制性，在臺灣學者間首見於柯澤東教授於其國際私法教科書中之討論，隨後臺灣國際私法學者討論者亦不在少數。柯澤東，國際私法新境界：國際私法專論，自刊，2006年，頁23以下；蔡華凱，外國法的主張、適用與證明—兼論國際私法選法強行性之緩和，東海大學法學研究，第24期，2006年6月，頁175-240；吳光平，法官應依職權適用涉外民事法律適用法？，中華國際法與超國界法評論，第3卷第2期，2007年12月，頁295-334；林恩瑋，開放方式的選法理論，東海大學法學研究，第27期，2007年12月，頁115-150。

進行定性，以確認本案爭執之問題所應適用之準據法。

　　在本案中，原告B所提出的是請求繼承其臺籍配偶A之遺產，並請求法院進行遺產分割之訴訟，因此所涉及的問題宜定性爲涉外繼承問題[4]。我國有學者認爲此時因爲涉及到繼承人對於被繼承人之遺產，是否得依有關繼承之規定而予以繼承之資格，亦即所謂繼承能力問題，而繼承能力應與一般權利能力觀念相區別，爲特別權利能力之問題，故在法律適用上應當適用繼承之準據法規定[5]。因此，依據涉外民事法律適用法第58條：「繼承，依被繼承人死亡時之本國法。」被繼承人A既爲中華民國人，則本案關於原告B請求繼承遺產問題之準據法，即爲中華民國法。

　　雖然，即使本案法院不先依照涉外民事法律適用法之規定適用衝突法則，對於實體法律適用結論並無太大差異——因爲無論是否適用涉外民事法律適用法之規定，最終的結果均將適用中華民國實體法（substantive law, droit matériel）之規定[6]，然而就涉

---

[4]　一般而言，定性之對象爲當事人起訴所主張之事實，惟有時候定性的客體亦可能是法律問題的名詞與用語（terme de la question de droit）。P. Mayer et V. Heuzé, Droit international privé, Montchrestien, 10ᵉ éd., 2010, p. 120. 對於起訴事實應定性爲何種法律關係，或是對於不同的法律制度間如何解釋相同名詞之定義，或是不同的法律制度間對於相同之問題交由不同的法律部門或科學工具處理等，均爲國際私法上定性問題所產生之原因。參陳隆修，比較國際私法，五南圖書，1989年，頁4。

[5]　劉鐵錚、陳榮傳，國際私法論，修訂5版，三民書局，2010年，頁460以下。

[6]　Sustantive law一詞，我國學者大多翻譯爲「實體法」，即指直接規定權利義務之法則。參賴來焜，當代國際（私）法學之基礎理論，自刊，2001年，頁97；陳隆修，美國國際私法新理論，五南圖書，1987年，頁66；曾陳明汝，國際私法原理（上集）總論篇，新學林，2008年，頁29等均採此一翻譯。惟有少數異見，認爲應翻譯爲「實質法」者，參蔡華凱，同註3。本文採取我國多數學者翻譯原則。

外案件的法律適用過程來說，先援用涉外民事法律適用法的規定，邏輯上似乎還是必須的，除非法院認為土地法第18條的規定屬於即刻適用法（loi d'application immédiate）的性質，因此就土地繼承部分應即刻適用上開土地法之規定，而不依據涉外民事法律適用法，否則在繼承問題上先表明適用衝突法則（règle de conflit）的結論，應該是目前臺灣法院實務上在所有涉外案件中適用法律的基本原則[7]。

　　所謂即刻適用法，依據Francescakis教授所給予的定義，係指「為維護國家的政治、社會或經濟組織，所必須遵守的法律[8]。（les lois dont l'observation est nécessaire pour la sauvegarde de l'organisation politique, sociale ou économique du pays.）」當法官於所受理涉外案件中，發現所適用的法律有牽涉到上開性質的法規時，應該要跳脫傳統的衝突法則規範，而即刻直接適用此類法規。易言之，作為另外一種獨立的法律適用方式，即刻適用法有別於衝突法則的雙面性，係直接地適用實體法規，而非如衝突法則僅指示適用某國的法秩序管轄（la compétence de l'ordre juridique）[9]。只要法官認為某項法律的性

---

[7]　這也證明了即刻適用法的概念目前尚未為我國法院所普遍接受。一般而言，對於非強行法規間的法律衝突問題，普遍上適用衝突法則解決，但對於強行法規間的法律衝突問題，則適用的法律工具多為即刻適用法理論或是內國強行法（法庭地法）優位原則。參考林恩瑋，強行法規的衝突：以臺灣高等法院92年度上易字第299號判決為中心，柯澤東教授七秩華誕祝壽論文集編輯委員會（編），柯澤東教授七秩華誕祝壽論文集：二十一世紀法學發展新境界，元照，2008年，頁517-545。

[8]　PH. Francescakis, Quelques précisions sur les lois d'application immédiate et leurs rapports avec les règles de conflit de lois, RCDIP 1966. 1, pp. 1-18.

[9]　即便是衝突法則中與即刻適用法相近的「單面法則」，二者最大的不同點在於

質、內容以及適用效果在案件中應被即刻適用時，即可不論衝突
法則的規定，直接選擇其所認為應被即刻適用之法律。

　　本案似乎在一開始即產生兩種不同的適用法律途徑：衝突法
則與即刻適用法，最高法院的判斷仍是採取前一種，而未考慮即
刻適用法理論適用的可能性。本文認為，本案所主要爭執者，
為外國人之土地繼承問題，考量土地法第18條具有強行法規性
質，在外國人土地繼承事件中似有即刻適用之餘地。因此即使法
官並未適用涉外民事法律適用法之規定選擇本案之準據法，而直
接適用土地法第18條之規定，依據上開即刻適用法之法理，似
亦無適用法規不當之情形。當然，此一問題涉及到究竟是否要將
涉外民事法律適用法之規定賦予強行性的問題，如果我國法院能
夠在涉外民事法律適用法的規定適用上，改採緩和性的立場，則
即刻適用法的理論才有發展的空間。

(二) 土地法第18條屬於法律適用第二層次之問題

　　在確認本案應適用之準據法為中華民國法之後，土地法第
18條的適用問題則屬於第二層次的問題。也就是原審法院所列
之爭點：「越南國人得否在我國繼承取得土地之權利？」此一問
題牽涉到二個層面，首先是具有越南國籍之我國人民配偶，依
照中華民國法律有無繼承權之問題。其次，則是如認依中華民國
法律規定，該越南籍配偶有繼承權時，其繼承權是否法規上有限

即刻適用法並非抽象的指示法官適用內國法秩序，而是明確地要求法官應適用
某項內國實體法規，因此即刻適用法勢必探究所適用法規的內容與目的，是否
與國家利益有所聯繫，而單面法則僅是依靠某些立法上預設的條件（例如當事
人國籍為內國籍時，即適用內國法），去決定是否適用內國的法律。

制的可能。

在第一個問題上，承認我國人民之越南籍配偶依照中華民國法律，具有繼承權者，應無問題。基本的推論是，越南籍配偶屬於本文前述狹義的外國人定義範圍，在臺灣民事法制上，傾向以平等待遇為原則，歧視待遇為例外。並且繼承權之性質與內涵涉及「人類」之屬性，屬於普遍性的人權，所根據的是繼承人與被繼承人之間的身份關係，而非繼承人之國籍，並且繼承制度與私有財產制度的保護相關，繼承權保障為與財產權保障相當之權利[10]。因此，既然臺灣相關民事法規對於越南籍配偶均無限制或不承認其繼承權之規定，依據上開立場原則，應該對於越南籍配偶是否取得繼承權乙事當然採取肯定之見解。

再者，從土地法第18條的文義上觀之，該條並非係針對外國人財產繼承權之立法限制，僅係對於外國人在取得我國土地權利上所為之限制規定，因此似不能以因有土地法第18條之規定，故而推論出越南籍配偶之繼承權（一般權利能力）應受到限制之結論。

在第二個問題上，我國法規上是否得對越南籍配偶之繼承權予以限制？此一問題仔細思之，又可將法規限制方式分為直接的限制與間接的限制二類。直接的限制係指法規對於越南籍的配偶繼承權範圍有明文的限制，立法例上同臺灣地區與大陸地區人民

---

[10] 對於繼承權的保障與對私有財產權的保障目的是一致的，因此應同屬於基本權利，而受憲法之保障。參考李建良，外國人權利保障的理念與實務，臺灣本土法學雜誌，第48期，2003年7月，頁92-107；甚至有學者認為，繼承法為私有財產制度構成要素之一，陳棋炎、黃宗樂、郭振恭，民法繼承新論，修訂9版，三民書局，2014年，頁1-2；林秀雄，繼承法講義，第5版，元照，2012年，頁1。

關係條例第67條規定[11]，而在本案中臺灣的法律並未對越南籍繼承人之繼承權有任何直接的限制規定。至於間接的限制，則涉及到土地政策與繼承權保障間之衝突問題，以下進一步申述之。

(三) 繼承權保障與土地政策的衝突

我國民法總則施行法第2條規定：「外國人於法令限制內，有權利能力。」解釋上應認為本條係屬對於外國人在臺灣民事法律地位之基本規定，亦即有關外國人之特別的權利能力問題。具體的法令限制，例如前述土地法第17條第1項規定：「左列土地不得移轉、設定負擔或租賃於外國人：一、林地。二、漁地。三、狩獵地。四、鹽地。五、礦地。六、水源地。七、要塞軍備區域及領域邊境之土地。」或如就業服務法第46條雇主聘僱外國人在中華民國境內從事之工作之工作項目限制等規範，均屬之。

我國民事法制在立法上以承認外國自然人有與本國自然人相同之權利能力為原則，亦即外國自然人與本國自然人在民事法制下法律地位原則上相等，而在例外的情形下始對外國人之權利能力加以限制。易言之，凡在民事上本國自然人得享有之權利，包括人身權（含人格權與身分權）與財產權（含物權與債權）等，外國自然人原則上均得享有，僅在例外的情況始對之加以限制。

---

[11] 臺灣地區與大陸地區人民關係條例第67條第1項：「被繼承人在臺灣地區之遺產，由大陸地區人民依法繼承者，其所得財產總額，每人不得逾新臺幣二百萬元。超過部分，歸屬臺灣地區同為繼承之人；臺灣地區無同為繼承之人者，歸屬臺灣地區後順序之繼承人；臺灣地區無繼承人者，歸屬國庫。」

　　立法者所採取之基本立場，已如前述。惟依照這樣的邏輯，儘管承認外國人具有一般權利能力，例如雖然承認外國人得為繼承之主體，並享有繼承之權利，在特別法上仍非不得對其特別之權利能力（繼承權的範圍）加以限制。

　　因此，土地法第18條之規定，如被理解為係對於外國人特別之權利能力所給予之間接限制，則當繼承權和土地政策產生衝突時，依照特別法優於普通法原則，土地法第18條之規範意旨似應優先於外國人繼承權之保障被落實，方符合立法意旨。易言之，這種見解即是認為在土地法第18條規定的前提下，立法者事實上係有意地，有限制地承認外國人繼承上的權利範圍。準此以言，本案中被告方之主張原告越南籍配偶B「對遺產中之土地與建物之繼承權已被排除，其對系爭遺產即欠缺「共有」之權利主體」，即非無據。B既因上述法規限制而欠缺權利本身（即其非系爭遺產之共有人），即無分割共有物之權利可得行使。

　　不過，上述這種推論並不被最高法院接受，相反地，最高法院在其判決中強調繼承權利的概括性，認為「**繼承係因被繼承人死亡而開始，繼承人自繼承開始時，即承受被繼承人財產上之一切權利義務。則上訴人因被繼承人死亡而取得之繼承權，得否因應繼財產中有土地，即悉被剝奪，已非無疑。**」雖然判決的理由並不明確，但依照其敘述邏輯上推論，最高法院似乎認為應繼財產中有土地並不構成越南籍配偶喪失部分應繼財產繼承權的理由。此一見解顯係針對原審法院駁回上訴人B之以「**變價分配之方式分割系爭遺產中之土地**」請求而來。最高法院雖認為原審以「遺產分割，係以整個遺產為一體為分割，並非以遺產中個別之財產分割為對象，則上訴人既無法繼承取得我國土地之權利，自

不得對於被繼承人A所留上開土地外其餘之遺產請求個別分割」
為由拒絕上訴人B的請求是有待商榷的，但對於越南籍配偶是否
在中華民國法律上繼承權的範圍受到限制，判決自始自終均未有
明確的說明，因此留下空白的解釋空間。

　　本文認為，將土地法第18條規定視作立法者事實上係有
意地限制承認外國人繼承上的權利範圍的觀點，是不具說服力
的。首先，從法條的文義上來看，無論如何都不會得到土地法第
18條係對外國人之繼承權資格（特別的權利能力）所為之限制
規定這樣的結論。系爭案件中原告律師亦主張觀察土地法第17
條、第20條，均對於外國人繼承取得土地權利另設例外規定，
因此土地法第18條「外國人在中華民國取得或設定土地權利」
應做限制解釋，不包含繼承取得之情形。此一主張，要非全然無
據。

　　其次，從外國人待遇的國際政策趨勢觀察，內國的土地政策
與外國人的繼承權利間的衝突應當如何進行調和，也會影響到我
們對於土地法第18條在目的解釋上所採取的方向，以下進一步
說明之。

二、本案政策思考

(一) 國際公約的影響

　　在現行的臺灣民事法制下，就最狹義的外國人部分，採取
以平等待遇為原則，歧視待遇為例外的立場。立法院在2009
年3月31日正式通過了「公民政治權利國際公約（International
Covenant on Civil and Political Rights, ICCPR）」與「經濟社

會文化權利國際公約International Covenant on Economic, Social and Cultural Rights, ICESCR」（以下簡稱「兩公約」）及其施行法。根據公民政治權利國際公約第26條的規定，「人人在法律上一律平等，且應受法律平等保護，無所歧視。在此方面，法律應禁止任何歧視，並保證人人享受平等而有效之保護，以防因種族、膚色、性別、語言、宗教、政見或其他主張、民族本源或社會階級、財產、出生或其他身分而生之歧視。」因此依照上開公約精神，對於法律上所取得的既得權利，包括繼承權在內，其內容與範圍原則上亦應當保障法律平等保護原則的落實，均不因繼承人之「種族」、「膚色」、「民族本源」或其他身分（包括國籍）而有不同之待遇。

然而，經濟社會文化權利國際公約第1條規定：「一、**所有人民都有自決權**。他們憑這種權利自由決定他們的政治地位，並**自由謀求他們的經濟、社會和文化的發展。二、所有人民得為他們自己的目的自由處置他們的天然財富和資源**，而不損害根據基於互利原則的國際經濟合作和國際法而產生的任何義務。在任何情況下不得剝奪一個人民自己的生存手段。」第2條重申：「一、每一締約國家承擔**盡最大能力個別採取步驟**或經由國際援助和合作，特別是經濟和技術方面的援助和合作，採取步驟，以便用一切適當方法，尤其包括用立法方法，**逐漸達到本公約中所承認的權利的充分實現**。二、本公約締約各國承擔保證，本公約所宣布的權利應予普遍行使，而不得有例如種族、膚色、性別、語言、宗教、政治或其他見解、國籍或社會出身、財產、出生或其他身份等任何區分。三、**發展中國家**，在適當顧到人權及**它們的民族經濟的情況下，得決定它們對非本國國民的享受本公**

約中所承認的經濟權利，給予什麼程度的保證。」公民政治權利
國際公約第1條亦規定：「所有民族得為本身之目的，自由處置
其天然財富及資源，**但不得妨害因基於互惠原則之國際經濟合
作及因國際法而生之任何義務。無論在何種情形下，民族之生
計，不容剝奪。**」易言之，對於一國之土地政策如何制訂，一國
之國民如何妥善地分配其天然財富與資源，上開公約似仍允許各
國得根據各自國內之經濟狀況、發展需求等考慮，允許各國在國
際經濟合作的前提下，自由選擇制訂其獨立之土地政策，並保留
排除外國人干涉內國土地市場之空間。

　　綜合上述兩公約之規範意旨，以及衡量臺灣民事法制上對於
狹義外國人法律地位之立場，對於繼承權與土地政策衝突的問
題，比較合理的解釋方向，應該是在內外國人平等待遇的前提下
考慮土地法第18條的適用範圍。易言之，對於土地法第18條較
為適當的解釋原則，應該是朝向在保障外國繼承人繼承權的前提
下，如何調整土地法第18條規定之方向進行思考。

(二) 在保障外國繼承人繼承權的前提下應限縮解釋土地法第18條規定

　　從文義上來看，土地法第18條規定：「外國人在中華民國
取得或設定土地權利，以依條約或其本國法律，中華民國人民得
在該國**享受同樣權利者為限**。」將有關外國人取得或設定土地權
利事項，採用互惠原則作為基本的土地政策。易言之，在互惠原
則的前提下，如果依條約或外國法，中華民國人民無法取得A國
土地之權利，亦無法在A國土地上設定權利時，則A國人民亦不
得就中華民國之土地取得與設定權利。

　　土地法第18條的規定，係對於外國人特別之權利能力爲間接之限制。因此外國人如不符合上開條文所揭示之互惠原則時，則根本無法享有我國土地之權利，更遑論得以變價分配之方式分割遺產中之土地。因此本案第二審臺灣高等法院臺南分院之意見，自此一文義解釋之立場看來，實難謂其爲無據。

　　不過，如果將同樣是限制外國人取得土地之土地法第17條第2項，「前項移轉，不包括因繼承而取得土地。但應於辦理繼承登記完畢之日起三年內出售與本國人，逾期未出售者，由直轄市、縣（市）地政機關移請國有財產局辦理公開標售，其標售程序準用第七十三條之一相關規定。」規定納入考慮的話，則不難發現立法者事實上已考慮到繼承權與土地政策間衝突問題時，應該如何進行協調解決。換言之，上開條文的規定，應該是在承認並尊重外國人繼承權完整性的前提下，所爲之一種權宜設計：**外國人仍得依照繼承的法則取得土地權利，以保障其繼承權。只是同時為了配合內國的土地政策，而權宜規定外國繼承人必須在一期間內將土地的權利再移轉予內國人民。**因此，土地法第17條既然已經有例外規定在先，則土地法第18條即無不得限縮解釋之理。

　　內國的土地政策走向爲何，涉及到內國天然資源與財富如何分配的問題，本應由內國自行決定。但兩公約強調此種政策的決定仍「**不得妨害因基於互惠原則之國際經濟合作及因國際法而生之任何義務**」。因此循著兩公約所昭示的「國際經濟合作」脈絡下就該條文進行法律解釋，所謂「外國人在中華民國取得或設定土地權利」者，**似應認為土地法第18條之「互惠原則」規定，只限於外國人因意定取得或設定中華民國土地權利之情形，而不**

包括法定取得或設定土地權利者，以維護外國繼承人之繼承權
利，實現國際經濟合作之義務，並與第17條第2項之規範意旨相
一致。另一方面，既然條文在字義上僅對於「土地」之權利取得
或設定有所限制，在適用上似應考慮限縮該限制規定的適用範
圍，認為此項規定不及於其他不動產類型，例如「建物」之情
形。

　　事實上，在最高法院做出97年度台上字第2051號民事判決
後，已經陸陸續續影響到其後的下級審法院之解釋觀點。同樣是
外籍配偶繼承案件[12]，臺灣高等法院臺中分院隨後在其99年度家
上字第31號民事判決中明確表達：「土地法第18條之立法理由
謂：「為因應當前國際情勢，加強國際經濟合作，凡外國人之
本國法律對我國人民在該國取得或設定土地權利並無歧視規定
者，我國亦當本平等互惠原則准許該外國人在我國取得或設定土
地權利，無須限於外交關係之存在與否。」，亦即基於國家主權
之原則，外國人原本不得取得我國之土地，但為加強國際經濟合
作，基於平等互惠原則，特別准許有此等互惠關係國家之人民取
得我國土地之所有權。（……中略）上開規定之法理既在「加強
國際經濟合作」，即應朝向有利於相關人民取得此等權利方向延
伸、解釋，而非限縮其權利。是縱認因關係人國家與我國間無此
等平等互惠關係，惟此項權利或其利益本應由其取得，僅因上開
行政目的，致與現行規定有違，自不宜完全剝奪其因該權利所衍
生之利益。本件附表一所示之不動產係被繼承人所遺留之遺產及

---

[12]　臺灣高等法院臺中分院99年度家上字第31號民事判決中為印尼籍配偶，印尼同
　　樣不許中華民國人民於該國取得土地權利。

兩造係其共同繼承人，已如前述，亦為上訴人之主張。而**遺產之繼承，係當然、概括之繼承被繼承人財產上所有之一切權利、義務，自無從區分其中某一部分不列入全體繼承人共同繼承之範圍，亦即不得以某些財產僅由部分繼承人繼承**（除非有如上開臺灣地區與大陸地區人民關係條例第67條第3項但書之規定），否則，即有違反平等原則。是本件繼承，雖因土地法上開規定，故被上訴人無法登記取得，惟仍非不得參照上開臺灣地區與大陸地區人民關係條例第67條第3項前段規定之法理，將被上訴人就附表一所示不動產之繼承權利折算為價額分配。上訴人主張本件不應適用上開規定法理，尚不足採[13]。」亦係針對土地法第18條立法政策意旨所為之結論，認為土地法第18條之行政目的，不得援以剝奪外籍配偶既已取得之權利與利益，並援引平等原則，認為應繼遺產不得僅由部分繼承人繼承，可資參照。

肆、結　論

綜上所述，本文簡短總結如下：

一、土地法第18條關於「外國人在中華民國取得或設定土地權利，以依條約或其本國法律，中華民國人民得在該國享受同樣權利者為限」之規定，應認為並非對於外國人一般的權利能力限制規定，而係對於外國人特別的權利能力（具有取得我國土地之資格）之規定。在繼承權一類的權利能力問題

---

[13] 另參考臺灣苗栗地方法院97年度家訴字第31號民事判決（印尼籍配偶保留其應繼分並分割遺產），內容及立場幾乎相同。

上，土地法第18條並未有任何之限制。

二、在最高法院97年度台上字第2051號民事判決中，呈現兩種
　　法律適用途徑的可能。第一種是以衝突法則之規定，處理本
　　案之法律適用問題。因此原告B所提出的是請求繼承其臺籍
　　配偶A之遺產，並請求法院進行遺產分割之訴訟，所涉及的
　　問題宜定性為涉外繼承問題，而原告B是否有資格繼承A之
　　遺產，則屬於繼承能力問題，而與一般權利能力觀念相區
　　別，為B之特別權利能力問題，故在法律適用上應當適用繼
　　承之準據法規定，亦即涉外民事法律適用法第58條：「繼
　　承，依被繼承人死亡時之本國法。」被繼承人A既為中華民
　　國人，則本案關於原告B請求繼承遺產問題之準據法，即為
　　中華民國法。最高法院並認為本案為涉外案件，原審未依涉
　　外民事法律適用法之規定確定其準據法，遽依我國法律而為
　　上訴人不利之判決，顯係不當。

　　第二種則是跳脫衝突法則，認為土地法第18條規定為即刻
　　適用法，而就土地繼承部分直接適用該條法律規定。本文認
　　為，在採取衝突法則緩和性的前提下，考量土地法第18條具
　　有強行法規性質，在外國人土地繼承事件中似有即刻適用之
　　餘地。因此即使法官並未適用涉外民事法律適用法之規定選
　　擇本案之準據法，而直接適用土地法第18條之規定，依據上
　　開即刻適用法之法理，似亦無適用法規不當之情形。

三、對於最高法院認為越南籍配偶雖然依照土地法第18條規
　　定，無法取得中華民國土地之權利，但仍得採變價分配之方
　　式，以實現該越南籍配偶本於繼承權之請求云云，本文敬表
　　贊同。綜合國際公約之規範意旨，以及衡量臺灣民事法制上

對於狹義外國人法律地位之立場，對於繼承權與土地政策衝突的問題，本文認爲比較合理的解釋方向，應該是在內外國人平等待遇的前提下考慮土地法第18條的適用範圍。因此，土地法第18條之「互惠原則」規定，在解釋上應僅限於外國人因意定取得或設定中華民國土地權利之情形，而不包括法定取得或設定土地權利者，以維護外國繼承人之繼承權利，實現國際經濟合作之義務，並與土地法第17條第2項之規範意旨相一致。

參考文獻

一、中文部分

吳光平，法官應依職權適用涉外民事法律適用法？，中華國際法與超國界法評論，第3卷第2期，2007年12月。

李建良，外國人權利保障的理念與實務，臺灣本土法學雜誌，第48期，2003年7月。

林秀雄，繼承法講義，第5版，元照，2012年。

林恩瑋，強行法規的衝突：以臺灣高等法院92年度上易字第299號判決為中心，柯澤東教授七秩華誕祝壽論文集編輯委員會（編），柯澤東教授七秩華誕祝壽論文集：二十一世紀法學發展新境界，元照，2008年。

林恩瑋，開放方式的選法理論，東海大學法學研究，第27期，2007年12月。

柯澤東，國際私法新境界：國際私法專論，自刊，2006年。

陳棋炎、黃宗樂、郭振恭，民法繼承新論，修訂9版，三民書局，2014年。

陳隆修，比較國際私法，五南圖書，1989年。

陳隆修，美國國際私法新理論，五南圖書，1987年。

曾陳明汝，國際私法原理（上集）總論篇，新學林，2008年。

溫豐文，土地法，自刊，2003年。

劉鐵錚、陳榮傳，國際私法論，修訂5版，三民書局，2010年。

蔡華凱，外國法的主張、適用與證明─兼論國際私法選法強行性之緩和，東海大學法學研究，第24期，2006年6月。

賴來焜，當代國際（私）法學之基礎理論，自刊，2001年。

二、外文部分

P. Mayer et V. Heuzé, Droit international privé, Montchrestien, 10e éd., 2010.

PH. Francescakis, Quelques précisions sur les lois d'application immédiate et leurs rapports avec les règles de conflit de lois, RCDIP 1966. 1, pp. 1-18.

|第二章|
涉陸婚姻事件之法律適用問題研究

壹、前 言

　　臺灣自從1987年開放探親政策以來，1990年設立財團法人海峽交流基金會（簡稱「海基會」），作爲臺灣對於中國處理兩岸事務之主要民間對口機構[1]。1993年兩岸在辜振甫、汪道涵等人領導與努力下，於新加坡開啓第一次會談，簽署「兩岸公證書使用查證協議」及「兩岸掛號函件查詢、補償事宜協議」、「兩會聯繫與會談制度協議」及「會談共同協議」等[2]。之後又陸續於1994年由焦仁和、唐樹備主導，於北京進行事務性會談，訂定「兩會商定會務人員入出境往來便利辦法」[3]；2008年由江丙坤、陳雲林主導下先後又進行數次會談[4]，簽署「海峽兩

---

[1] 在此之前民間團體接觸有紅十字會，1980年兩岸紅十字會曾就海上遣返問題相互簽署金門協議。海基會則係依據「臺灣地區與大陸地區人民關係條例」（以下簡稱「兩岸人民關係條例」）第4條「行政院得設立或指定機構，處理臺灣地區與大陸地區人民往來有關之事務」規定設立，其主管機關爲行政院大陸委員會（以下簡稱「陸委會」）。

[2] 上開協議內容可參考陸委會網站：http://www.mac.gov.tw/lp.asp?CtNode=5663&CtUnit=3956&BaseDSD=53&mp=1，最後瀏覽日：2017年1月13日。

[3] 參考網站：http://www.mac.gov.tw/ct.asp?xItem=62567&ctNode=5663&mp=1，最後瀏覽日：2017年1月13日。

[4] 又稱爲「江陳會談」，截至2012年8月10日爲止，已經進行共八次江陳會談。相

岸包機會談紀要」、「海峽兩岸空運協議」、「海峽兩岸海運協議」、「海峽兩岸郵政協議」、「食品安全協議」、「海峽兩岸金融合作協議」、「海峽兩岸空運補充協議」、「海峽兩岸共同打擊犯罪及司法互助協議」、「兩岸經濟合作架構協議」[5]、「兩岸智慧財產權保護協議」、「海峽兩岸核電安全合作協議」、「海峽兩岸醫藥衛生合作協議」、「海峽兩岸投資保障和促進協議」、「海峽兩岸海關合作協議」與「海峽兩岸服務貿易協議」等。

　　從上述眾多的會談與協議經驗中，可以觀察到幾個重點：首先，兩岸在會談的重點上，**從早期的事務性談判，逐步進展為制度性合作**。例如90年代的兩岸會談重點多集中在於掛號函件查詢與補償、公證書使用與查證等問題上。到了2008年後會談則偏重於制度上的互助合作關係，例如前述的「海峽兩岸共同打擊犯罪及司法互助協議」、「兩岸經濟合作架構協議」與「兩岸智慧財產權保護協議」均屬於這種類型。其次，**兩岸在協議先行的原則下，為了執行協議的內容，臺灣行政機關通常會以發布後續的行政命令方式予以配合**。亦即先將協議作為整體法制的框架，在彼此獲得大原則與方向上的共識後，行政機關再配合協議原則進行執行上的規範[6]。值得說明的是，這些以協議成果所發

關協議內容請參考海基會網站：http://www.sef.org.tw/lp.asp?CtNode= 4306&CtUnit=2541&BaseDSD=21&mp=19，最後瀏覽日：2017年1月13日。

[5] 英文The Economic Cooperation Framework Agreement，縮寫即一般所稱之ECFA。相關內容參考陸委會網站：http://www.mac.gov.tw/lp.asp?ctNode=6744&CtUnit=4711&BaseDSD=7&mp=111，最後瀏覽日：2017年1月13日。

[6] 兩岸協議上對於具體配合執行的規範並未進行討論，僅針對大方向及原則做出決定。例如兩岸會談在簽署海峽兩岸共同打擊犯罪及司法互助協議後，法務部

布的法規，其位階均爲行政命令，以法律形式立法確認兩岸協議成果者，目前爲止還沒有出現[7]。

　　與程序性事務相比，在兩岸人民民事實體法律關係部分，迄今兩岸尙無一個統一的實體法規。事實上，在歷次兩岸會談的議題中，亦從未就此一部分進行協商與討論[8]。因此，目前存在的現狀是，兩岸法院各自以其統治管轄區域內單方面所發布的法令處理兩岸人民民事事件[9]。在臺灣方面，規範兩岸人民民事實體法律關係的實定法主要爲1992年制定之**臺灣地區與大陸地區人民關係條例**（以下簡稱「兩岸人民關係條例」）。依照這個法律，兩岸民事事件問題被定性爲區際衝突法律問題，而非國際衝

　　即制定海峽兩岸犯罪情資交換作業要點、海峽兩岸緝捕遣返刑事犯或刑事嫌疑犯作業要點、海峽兩岸罪犯接返作業要點、海峽兩岸調查取證及罪贓移交作業要點、海峽兩岸送達文書作業要點等行政規則做爲因應。

[7] 這些行政命令大多爲授權命令，主要法源依據爲兩岸人民關係條例（亦有明定係爲有效執行兩岸某協議內容而制定者）。兩岸事務之所以均爲行政命令位階，或許是因爲如果這些事務要經由立法機關通過，將可能耗時過長，並且特定議題上立法委員間難以協調所致。且不論這些行政命令可能直接或間接涉及到人民基本權利保障，是否適合以行政命令規範之問題，至少這種立法上的現實，足以體現兩岸在法制的磨合上仍須等待相當的時期。

[8] 根據全國法規資料庫臺灣方面關於大陸地區的事務性法規（行政命令），目前仍有效施行者約有70餘種。

[9] 目前大陸地區尚無針對臺灣地區制定相關區際法律衝突之單行法規，即以最近發布的「最高人民法院關於適用「中華人民共和國涉外民事關係法律適用法」若干問題的解釋(一)」，其中第19條亦僅規定「涉及香港特別行政區、澳門特別行政區的民事關係的法律適用問題，參照适用本規定。」並未將適用範圍擴張至臺灣地區，亦未就大陸地區與臺灣地區之區際法律衝突規範進行任何指示。

突法律問題[10]。在這種區際衝突法律問題上[11]，兩岸人民之民事法律紛爭問題被部分學者稱爲「涉陸事件」，以區別國際法律衝突問題之「涉外事件」，本文以下亦從此用語[12]。

　　然而，在兩岸人民往來日益頻繁緊密的今日，兩岸人民關係條例這個施行了20餘年的法律是否能夠切合目前臺灣社會的需求，妥善地解決兩岸人民間之民事實體紛爭問題？實有重新檢討之必要[13]。特別是在身分關係上，兩岸人民民事實體問題所最常

---

[10] 兩岸之間之政治實體關係並非聯邦，在各自地區之上亦不存在共同之基本法（憲法），故與傳統一主權國家下複數法域法律衝突之型態有別，兩岸亦非屬於聯邦式的區際法律衝突（conflits interfédéraux），具有特殊性，參賴來焜，國際私法中國際法律衝突之研究，馬漢寶教授八秩華誕祝壽論文集，法律哲理與制度：國際私法，元照，2006年，頁429以下。無論如何，兩岸民事事件被定性爲區際衝突法律問題，這幾乎是目前臺灣學者的主流意見，依據兩岸人民關係條例的內容觀之，第1條明文指出：「國家統一前，爲確保臺灣地區安全與民眾福祉，規範臺灣地區與大陸地區人民之往來，並處理衍生之法律事件，特制定本條例。」顯見兩岸民事法律關係不同於一般涉外民事法律關係，劉鐵錚、陳榮傳兩位教授在其合著中亦指出，「我國區際私法的發生，原是因國家分裂後、統一前，我國境內同時存在二個地區的不同法律，爲解決究應適用那一地區的法律的問題，而發展出來的一套規則。」參考劉鐵錚、陳榮傳，國際私法論，三民書局，2010年，頁737。再自中華民國憲法增修條文規定內容觀之，其亦將國家統一前區域分爲「自由地區」與「大陸地區」二者，顯見從實定法的脈絡來看，在現行臺灣法制的架構下，兩岸法律衝突問題定性爲區際法律衝突問題，似較爲符合立法者之原意。

[11] 或有學者稱之爲準國際私法問題，例如梅仲協，國際私法新論，三民書局，1990年，頁61以下參照。

[12] 參伍偉華，臺灣涉陸確認婚姻無效訴訟之區際衝突法，賴來焜編，2007兩岸國際私法研討會論文集，元照，2008年，頁147-174；伍偉華，涉陸婚姻事件之區際管轄與法律適用，法學叢刊，第232期，2013年10月，頁89-133。事實上此一用語似未被實務採用，本文查詢法源法律網，以關鍵字「涉陸事件」搜尋，並無判決或裁定出現。

[13] 以兩岸婚姻爲例，根據內政部統計處「內政統計通報」資料，2012年1～10月國人結婚之外籍與大陸港澳地區配偶，以大陸、港澳人士1萬808人占62.13%較

遭遇的婚姻事件，是否能夠藉由1992年之兩岸人民關係條例獲得最終解決？均值得再予檢討及思考。因此，本文試圖就涉陸婚姻事件提出以下之問題：

一、涉陸婚姻事件在現行區際衝突法制結構下法律適用是否出現問題？

二、如果出現法律適用問題，則重新思考區際衝突法制結構時，區際法律衝突之法律適用方式是否必須與國際私法的法律適用方式相一致？

三、在檢討區際衝突法制的重構時，相關問題所應考慮的原則或主軸應當為何？

　　為回答上開問題，本文以下先就涉陸民事事件法律適用的特殊性進行分析，在整理出這些特殊性的原則後，再以涉陸婚姻事件為例，就其個別案件中法律適用方式進行整理，以說明涉陸婚姻事件在法律適用上所面臨之問題，及其對應的解決方案。在研究的範圍方面，本文僅就涉陸婚姻問題中之**結婚**與**婚姻普通效力**問題進行探討，其他與婚姻相關之議題，例如夫妻財產制與離婚，由於牽涉問題層面較廣，且具有特殊性，宜另文撰述討論之，於此暫不列入本文研究範圍。

多，為外國人者6,589人占37.87%（主要集中於東南亞地區達4,009人，占外國籍配偶之60.84%；2013年1-3月國人結婚對數共計3萬8,594對，同期結婚登記對數中，新郎及新娘均為我國籍者占87.2%，中外聯姻占12.8%。外籍與大陸港澳配偶中，為大陸港澳地區者占62.6%最多，為東南亞國籍者占22.1%次之，其他國籍者占15.2%。相關數據請參閱下列網址：http://sowf.moi.gov.tw/stat/week/list.htm，最後瀏覽日：2017年1月13日。

貳、涉陸民事事件法律適用的特殊性

作為區際衝突法的立法典型，兩岸人民關係條例所揭櫫的法律適用方式，與作為國際私法立法典型之涉外民事法律適用法的法律適用方式大不相同。在兩岸人民關係條例中，規定涉陸民事事件法律適用之原則性規定，主要見於該條例第41條、第43條與第45條，條文內容如下：

第41條規定：「**臺灣地區人民與大陸地區人民間**之民事事件，**除本條例另有規定外**，適用**臺灣地區**之法律。

大陸地區人民相互間及**其與外國人間**之民事事件，除本條例另有規定外，適用**大陸地區**之規定。

本章所稱行為地、訂約地、發生地、履行地、所在地、訴訟地或仲裁地，指在臺灣地區或大陸地區。」

第43條規定：「依本條例規定應適用大陸地區之規定時，**如大陸地區就該法律關係無明文規定**或**依其規定應適用臺灣地區之法律**者，**適用臺灣地區之法律。**」

第45條規定：「民事法律關係之**行為地或事實發生地跨連臺灣地區與大陸地區**者，**以臺灣地區為行為地或事實發生地。**」

上開條文內容可看出兩岸人民關係條例在法律適用方式上的特色。首先，兩岸人民關係條例採取了一種以屬人主義為原則的立法模式。這從該條例第41條規定，以民事事件當事人類型，作為案件法律適用的標準可以看出。所謂臺灣地區人民與大陸地區人民，其區分之標準依據同條例第2條規定，係以**在該地區設有戶籍**的人民為判斷之基礎。其次，是兩岸人民關係條例呈現了

一種單面法則與法庭地法優位的偏好取向。這從該條例第43條與第45條規定，於大陸地區就該法律關係無明文規定，或是行為地或事實發生地跨連臺灣地區與大陸地區時，最終都將適用臺灣地區之法律規定可知[14]。

　　不過，從表面上來看，兩岸人民關係條例在選擇法律適用的原則上雖採取屬人主義，實際上卻是以戶籍地，而非國籍作為法律適用的基本連結點。同時，上開法文中所提及之「臺灣地區之法律」、「大陸地區之規定」等，解釋上是否包括各該地區之區際衝突法在內？實不無疑問。從兩岸人民關係條例第43條後段採用直接反致之體例看來，似應為肯定之解釋，然而從同條例第41條字義觀之，似又應僅指為臺灣地區或大陸地區之實體法

---

[14] 相同見解，參陳榮傳，兩岸法律衝突的現況與實務，學林，2003年，頁22以下。兩岸人民關係條例第41、43與45條之法律適用原則性規定，在實務上也造成一些困擾。那就是當該條例第46條以下針對不同的法律關係規定法律的適用方式，與上開條文有所衝突時，法院應該要適用哪一種法律適用的原則？臺灣桃園地方法院91年度訴字第471號判決即認為：「按臺灣地區與大陸地區人民關係條例第四十一條、第四十八條規定，臺灣地區人民與大陸地區人民間之民事事件，除本條例另有規定外，適用臺灣地區之法律；債之契約，依訂約地之規定，但當事人另有約定者，從其約定。查本件訟爭簽呈雖係在大陸地區簽立，為兩造所不爭執，然如非涉及臺灣地區人民及大陸地區人民爭執，縱締約地在大陸地區，按之首揭法條規定，仍無大陸地區法律之適用。本件原告起訴乃以被告所簽立簽呈係對原告為之，故由原告對被告追索為據，則依原告主張，其所主張契約關係乃直接存在兩造之間，本件被告既係臺灣地區人民，原告則為臺灣地區之法人，均非屬於大陸地區之人民或法人，故本件爭執仍應適用中華民國法律。次按當事人互相表示意思一致者，無論其為明示或默示，契約即為成立；當事人對於必要之點，意思一致，而對於非必要之點，未經表示意思者，推定其契約為成立。民法第一百五十三條第一項、第二項前段定有明文。」此號判決顯見將兩岸人民關係條例第46條作為同條例第48條之前提，亦即適用第48條僅限於當事人為臺灣人民與大陸人民之情形，是否妥適，符合同條例第41條「除本條例另有規定外」之立法意旨，實不無疑義。

（substantive law）[15]。

　　無論如何，涉陸民事案件法律適用的特殊性，可與涉外民事案件之法律適用方式互爲比較，舉其犖犖大者，其一爲涉外因素，其二則爲定性問題。

一、涉陸因素與涉外因素

　　在區際法律衝突的法律適用模式選擇上，一般來說大約有四種[16]。第一種是直接以制定全國統一的區際衝突法以解決區際衝突，例如波蘭1926年8月2日的區際私法典，或法國針對Lorraine與Alsace地區回歸後，應當如何適用該地區原來適用之德國法，制定有1921年7月21日法以解決境內之區際法律衝突問題等[17]；第二種則是由各區域分別制定各自的區際衝突法，用以解決各自的區際法律衝突問題，例如前述波蘭1926年8月2日的區際私法典頒布前的所採取的模式，就是這種；第三種是類推適用國際私法，以解決區際法律衝突的方式，例如1889年7月24日制定之西

---

[15] Sustantive law一詞，我國學者大多翻譯爲「實體法」，即指直接規定權利義務之法則。參賴來焜，當代國際（私）法學之基礎理論，自刊，2001年，頁97；陳隆修，美國國際私法新理論，五南圖書，1987年，頁66；曾陳明汝，國際私法原理（上集），學林，2003年，頁29等均採此一翻譯。惟有少數異見者，認爲應翻譯爲「實質法」，參蔡華凱，外國法的主張、適用與證明：兼論國際私法選法強行性之緩和，東海大學法學研究，第24期，2006年6月，頁175-240。本文採取我國多數學者翻譯原則。

[16] 參黃進，區際衝突法，永然文化，1996年，頁117以下。

[17] P. Mayer et V. Heuzé, Droit international privé, Montchrestien, 10e éd., 2010, p. 70.

班牙民法典第14條[18]，或如香港澳門關係條例第38條等[19]；最後
一種則是不區分區際私法與國際私法之法律衝突問題，統一適用
法律衝突之基本原則，例如美國即採這種模式。

　　臺灣的區際法律衝突在立法模式的選擇上，**香港澳門關係條
例採取了第三種模式，兩岸人民關係條例則似乎採取的是第二種
模式**。然而第二種模式究竟是採取何種標準處理法律衝突，理論
上有幾種選擇。第一種是直接以實體法模式指定案件應適用的法
律，但這種方式顯然在立法實行上有相當的困難度，也為目前兩
岸人民關係條例所不採；第二種則是採取衝突規範模式，間接地
指定案件應適用的法律，而不直接觸及案件實體問題的解決，
從兩岸人民關係條例第三章民事以下的規定來看，似乎採取的
是這種立法模式[20]。因此，所存的問題在於，從衝突規範模式來
看，兩岸人民關係條例之法律適用程序，是否與涉外民事法律適

---

[18] 法文翻譯該條文內容為：「Conformément aux dispositions de l'article 12, les
règles établies aux articles 9, 10 et 11 sur les personnes, les actes et les biens des
Espagnols à l'étranger et des étrangers en Espagne, sont applicables aux personnes,
aux actes et aux biens des Espagnols qui sont sur des territoires ou provinces ayant
des législations civiles différentes.」大意為將西班牙境內各省關於人、行為與財
產等不同民事立法規定，適用西班牙民法第9、10、12條等關於處理其涉外案
件時之原則規定。上開網路資料可查詢下列網址：https://www.google.com.tw/
url?sa=t&rct=j&q=&esrc=s&source=web&cd=1&ved=0CDQQFjAA&url=http%3A
%2F%2Fwww.juristoria.com%2Fresources%2Fcode%2Bcivil%2Bespagnol.doc&e
i=tjuQUZOTLYPvlAWikID4DA&usg=AFQjCNEydXPyOVGqIUJYLwgg00dJIS_
IkQ&sig2=d3WhnLbfL09bf9y8Yj1sCg，最後瀏覽日：2017年1月13日。

[19] 香港澳門關係條例第38條：「民事事件，涉及香港或澳門者，類推適用涉外民
事法律適用法。涉外民事法律適用未規定者，適用與民事法律關係最重要牽
連關係地法律。」

[20] 同此觀點，參劉仁山主編，國際私法，中國法制出版社，2010年，頁434以下參
照。

用法的法律適用程序相同？其中第一個問題，即是否在「涉陸案件」的法律適用程序中，有無如「涉外案件」的法律適用程序中存在討論「涉外因素」之問題？

涉外案件中，法律適用的首要階段，是必須先確認系爭案件是否具有涉外因素[21]。所謂涉外因素，指的是案件中事實牽涉到外國人或外國地之情形。是以外國人與臺灣人之民事法律紛爭固然是具有涉外因素之民事案件，即臺灣人間在外國地所發生之民事法律紛爭問題，亦應認為具有涉外因素，而非可以內國案件識之。

在傳統大陸法系國際私法學理論中，涉外因素作為發動衝突法則的條件，一旦案件具有涉外因素，法官即應適用衝突法則，而不得適用其內國之實體法規[22]。此外，涉外因素也會影響到國際裁判管轄權的認定，在涉外案件中，由於臺灣目前尚無立法明文規範國際裁判管轄權之標準，是以關於涉外案件中法院之管轄權問題，首先應該進行「一般管轄（compétence générale）」的判斷[23]。實務上常見的具體作法是以類推適用民

---

[21] 參馬漢寶，談國際私法案件之處理，軍法專刊，第28卷第10期，1982年11月，頁3。

[22] 此又稱為選法規則的「強制適用性」。參柯澤東，國際私法新境界：國際私法專論，元照，2006年，頁21以下。相對立的意見，可參J.-L. Elhoueiss, L'élément d'extranéité préalable en droit international privé, J.D.I., 1, 2003, p. 39.

[23] 關於一般管轄概念之使用，幾為我國國際私法學者間在國際管轄權上之通說，參馬漢寶，國際私法，自刊，2004年，頁198；劉鐵錚、陳榮傳，同註10，頁666。區分一般管轄與特別管轄的實益，主要在於表示其與國內法所稱之土地管轄概念有所差異，關於一般管轄與特別管轄之來源、定義及功能，參考林恩瑋，國際私法理論與案例研究，五南圖書，2013年，頁16以下說明。惟有少數說，認為無另外創設新法律概念之必要，參蔡華凱，國際裁判管轄總論之研究：以財產關係訴訟為中心，中正法學集刊，第17期，2004年10月，頁1-86。

事訴訟法上有關土地管轄之規定，解決涉外案件中法院之國際管轄權問題。

在涉陸案件的法律適用問題上，是否必須如同涉外案件般，首先先探討案件是否具有「涉陸因素」，再援以決定是否發動兩岸人民關係條例之適用？不無疑問。假設如果採取與涉外案件相同的法律適用步驟，亦即在臺灣法院發現有「涉陸因素」存在於系爭案件事實中時，法官即應先援引兩岸人民關係條例之規定，作為區際法律衝突案件中的選法依據。此時兩岸人民關係條例第41條及第43條中之「臺灣地區之法律」與「大陸地區之規定」將被理解為臺灣地區與大陸地區之實體法（不包含其各自之區際衝突法規），其立法型態即與國際私法選法方式中之單面法則相仿。

但這樣的解釋將會面臨另一個問題，那就是何謂涉陸因素？如果採取和涉外因素同樣的標準，亦即案件中牽涉大陸地區「人民」或大陸地區「地」時，即認為案件具有「涉陸因素」，則似乎與兩岸人民關係條例第41條與第43條的規定內容不符。因為上開條文規定，就臺灣地區人民間在大陸地區所生之爭議，並未有任何的法律適用規定。易言之，假設兩個臺灣人在上海締結買賣契約，因契約所生之爭議，或兩個臺灣人在上海結婚，因婚姻是否成立所生之爭議，究竟應不應該適用兩岸人民關係條例的規定？如果適用，但顯然兩岸人民關係條例對此並無法律適用的規定，那麼究竟這類型案件應該要直接適用臺灣地區法律[24]，還是有其他法律適用的可能？例如回到涉外民事法律適用

---

[24] 臺灣學者有主張就此類爭議應適用臺灣地區實體法律者，認為「但純粹涉及臺

法，以案件仍具有「涉外因素」，選擇其應適用之法律？

　　上述的問題主要的困難在於，在「法律管轄」方面，臺灣的區際法律衝突法並未建立起如國際私法之理論般明確的法律適用方式。並且，在立法上兩岸人民關係條例在第41、43、45條原則性法律適用規定，徒增法律適用順序上的疑惑，這種疑惑主要是因為立法者將兩岸人民關係條例的法律適用問題，側重在解決兩岸地區「人民」間之法律事件，而不是解決所有涉及到大陸「地區」或大陸「人民」之法律事件。換句話說，兩岸人民關係條例在立法模式的設計上，不但包括了屬地性的「法域衝突」（或可稱為狹義的「區際法律衝突」），並且還包括了屬人性的「人際法律衝突」。這樣的立法設計有無必要？實值檢討，因為同時在一個法律適用問題上規範屬人與屬地的法律適用標準，除了顯現濃厚的保護主義色彩外，並將使得「涉陸因素」等概念的提出出現困難，也增加了法律適用上的複雜性[25]。

灣地區人民間之婚姻者，即使該婚姻係在大陸地區締結，仍非屬涉陸案件，而直接適用臺灣地區之法律即可。」參伍偉華，同註12，頁153以下。

[25] 特別是當涉外因素與涉陸因素重疊時，此一問題更顯複雜。例如臺灣地區人民與大陸地區人民在日本結婚，就其結婚之成立發生法律適用問題時，應當將此類型案件認為係涉陸案件，還是涉外案件？臺灣司法實務上，法務部1994年8月18日法律決字第17951號函認為這種情形屬於涉外案件，而適用涉外民事法律適用法之規定，但理由不是很明確。伍偉華法官持同樣的意見，認為此時因「無『國內』不同法律間應如何選擇適用問題，因其根本並非『國內』案件，故應適用涉外民事法律適用法。」其說殊值傾聽，惟何以涉陸因素要對涉外因素讓步，理由並不是很明確。本文認為，以法域法律衝突的觀點來看，這種案件事實上涉及了三個法域法律適用的問題，而非僅存在內國與外國二個法域之衝突。

二、涉陸婚姻的定性

　　另一個值得檢討的是定性問題。涉陸案件的定性問題是否與涉外案件一樣，必須要考慮不同法域間對於法律關係詮釋與理解的差異性，在定性標準上採取較為開放的態度？如果答案是肯定的，那麼定性所採取的標準，將不限於傳統的法院地法定性標準，而可能包含了其他方式，例如準據法定性標準（lex causae）或是分析法學定性標準等，都將在考慮之列。

　　大陸地區法學者黃進教授在談到此一問題時，曾認為可以採取幾種定性的方式，解決「中國全國統一的區際衝突法問題」。其一是如果在某些問題上已有全國統一的實體法，則可依照該實體法之規範就相關問題進行定性；其二則是借鑑「分析法學與比較法理論」，在比較法研究分析的基礎上就相關問題進行定性；其三是以全國統一的區際衝突法規就相關的法律觀念進行定性，即所謂「自治識別」，以消除和避免定性上得衝突；最後則是採取類似準據法標準說的方式，「對統一區際衝突規範指定的應適用的某一地區的準據法如需要解釋的話，應以該準據法所屬的地區的法律為準。」

　　本文認為上述四種定性方式的建議，鑑於兩岸目前並無統一民事實體法，亦無統一之區際衝突法規存在，第一、三種定性方式目前均有困難，並且與現行的制度尚有不合之處，因此比較可行的方式應該是參考第二、四種的定性標準，以處理涉陸事件中所可能產生的定性衝突問題。特別是在涉陸婚姻事件中，我們發現兩岸的民事法律差異基本上並不大，同樣採用單婚制與異性婚，亦同樣遵從婚姻自由、男女平等基本原則，僅在一些比較細

節的法律要件、效力規定上各自有所差異，因此究竟採用何種定性標準，事實上在涉陸民事事件上所產生的問題，並不如涉外民事事件來的困難與複雜。

不過必須說明的是，上面所提及的定性方式，所針對的客體是系爭案件的事實及法律爭議問題，這和區際衝突規範在法律用語上面的定義性問題，應該要予以區別[26]。換句話說，對於涉陸案件所牽涉相關事實與法律爭議的定性，和對於區際衝突法規在法律用語上的定義，基本上所針對的客體不同，屬於兩個不同層次的問題。有臺灣學者認為，因為兩岸人民關係條例第2條對於「用詞」的定義、第41條第3項關於「行為地、訂約地、發生地、履行地、所在地、訴訟地或仲裁地」均予以規定，所以兩岸關係條例上的概念，應該要依照臺灣地區的實體法定其性質云云[27]。本文認為這個見解是有問題的，因為**兩岸人民關係條例第2條及第43條所定性的客體，應該是法律的用語，而並非系爭案件的事實與爭議問題**，我們很難以此作為臺灣地區法院在面對涉陸案件時應採用臺灣地區法律為定性標準的理由，因為所針對的

---

[26] 一般而言，定性之對象為當事人起訴所主張之事實，惟有時候定性的客體亦可能是法律問題的名詞與用語（terme de la question de droit）。P. Mayer et V. Heuzé, op. cit., p. 120. 參賴淳良，定性之客體，中國國際私法學會2008年年會論文集，西北政法大學主辦，2008年，頁135-150。對於起訴事實應定性為何種法律關係，或是對於不同的法律制度間如何解釋相同名詞之定義，或是不同的法律制度間對於相同之問題交由不同的法律部門或科學工具處理等，均為國際私法上定性問題所產生之原因。參陳隆修，比較國際私法，五南圖書，1989年，頁4。

[27] 參林俊益，海峽兩岸婚姻、繼承法律問題之研究，臺灣士林地方法院1993年研究發展項目研究報告，1993年5月31日，頁22。相同意見參伍偉華，同註12，頁158。以法院地法標準定性，幾乎是目前臺灣地區法院實務的一致作法。

客體不同，基本上這是兩個不同性質的問題。

　　就臺灣地區的法院而言，目前比較可能在涉陸婚姻事件中產生的定性問題約有兩類。第一類定性問題來自於法官對於法律關係性質認知的誤解，亦即究竟應當將系爭案件事實及法律問題定性為何，臺灣地區的法院間可能出現不一致的見解，這些不一致的定性見解進一步將影響到準據法的適用，以及實體判決的結果。第二類定性問題的發生原因，則主要來自於臺灣地區承認某項制度，而該項制度卻為大陸地區所不承認者，例如婚約，以及與婚約相伴而生的損害賠償、贈與物返還等問題。

　　第一類型的定性問題所造成的困難較小，一般而言只要在臺灣地區司法實務間形成定性上的共識，這個問題就可以獲得解決。例如臺灣地區司法實務有將通謀虛偽為結婚之意思表示（即一般所稱之「假結婚」）定性為結婚或離婚之效力問題，而適用兩岸人民關係條例第53條者[28]。這種見解應該是對於兩岸人民關係條例第52條與第53條之適用範圍與立法目的有所誤解所致。事實上無論是以臺灣地區民事法律或是以大陸地區民事法律定性假結婚問題，應該都認為係屬於結婚之實質要件問題，因此從這個角度而言，兩區際法律間就假結之爭議似不存在著定性問題。

　　在第二類型的定性問題上，由於大陸地區婚姻法中並無婚約制度之規定，大陸地區法學者亦認為目前大陸地區之法律制度對於婚約採取既不提倡，也不禁止的態度，婚約並非法律所調整的

---

[28] 例如臺灣臺北地方法院94年度家訴字第8號民事判決、臺灣高等法院93年度家上易字第5號民事判決等即採此一見解。相同的批判，參伍偉華，同註12，頁159以下討論。

對象，因此當事人自願訂立的婚約沒有法律上的拘束力，即使是解除婚約時，也無須徵得對方同意，或經過任何的法定程序[29]。在臺灣地區則不然，民法上存在著婚約的相關規定，一般法學者認為婚約是婚姻之預約，並非實在之婚姻行為，婚約非結婚的必經程序，雙方當事人亦不因婚約而取得任何身份上之法律效果，婚約亦不得被請求強制履行[30]。而承認婚約最大的意義，係於婚約被違反或被解除時，是否在當事人間產生損害賠償請求權，以及婚約解除或撤銷時所生之贈與物返還請求權問題。

就因婚約解除或撤銷所生之損害賠償請求權及贈與物返還請求權問題，究竟應該定性為何，在國際私法上傳統大陸法系國家間有不同之見解[31]。有認為此一問題為屬人法事項（le statut personnel）者，故應與相類似的婚姻制度在定性問題上相一致，適用本國法主義，例如德國；亦有認為婚約之解除屬於侵權行為的一種，因而適用行為地法原則（lex locus actus），例如法國[32]。就此一問題，兩岸人民關係條例中並無相關規範。如果從臺灣地區之涉外民事法律適用法第45條觀之，法文謂「婚約之成立，依各該當事人之本國法。」似乎採取的是德國的見解；而如果從大陸地區法律系統觀之，則似不能為與上開臺灣法律系統相同之解釋：或許大陸地區之法官將視情形，將這類型案件定性為侵權行為之問題，而適用行為地法原則。如此，設若臺

---

[29] 參楊大文主編，曹詩權副主編，婚姻家庭法，中國人民大學出版社，2002年，頁101以下。

[30] 參陳棋炎、黃宗樂、郭振恭，民法親屬新論，三民書局，2006年，頁67以下。

[31] 參林恩瑋，同註23，頁125以下說明。

[32] D. Bureau et H. Muir Watt, Droit international privé (Tome I), PUF, 2éd., 2010, p. 548.

灣地區人民與大陸地區人民在大陸地區締結婚約，嗣後婚約解除時所生之贈與物返還請求問題，則此一訴訟將可能因原告在不同地區法院提出，而產生不同之判決結果。因此，或許這種定性的衝突應該交由兩岸的法律學者仔細討論，獨立定性，以協調出適合的法律衝突解決方式，避免產生訴訟當事人任擇法院（forum shopping）之不公平結果。

　　此外，根據臺灣地區民法第999條規定：「當事人之一方，因結婚無效或被撤銷而受有損害者，得向他方請求賠償。但他方無過失者，不在此限。（第1項）前項情形，雖非財產上之損害，受害人亦得請求賠償相當之金額。但以受害人無過失者為限。（第2項）前項請求權，不得讓與或繼承。但已依契約承諾或已起訴者，不在此限。（第3項）」允許結婚無過失之一方當事人對他方就結婚無效或被撤銷之損害擁有賠償請求權。此一規定亦為大陸地區婚姻法所無，應當如何定性，恐亦將遭遇與上開婚約之定性相同之問題。臺灣地區司法實務有認為這種訴請法院判決撤銷婚姻事件，以及主張因婚姻被撤銷受有損害之賠償請求，屬於「結婚或離婚之效力」問題，而適用兩岸人民關係條例第53條之規定者[33]。這種看法應該是著眼於結婚無效或被撤銷其性質相當於離婚之情形，因而在定性上認為屬於離婚之效力問題。實則細細思量，結婚無效或被撤銷雖然與離婚同樣造成婚姻解消的法律效果，但在性質上還是與離婚不同，蓋前者並非因為婚姻關係產生破綻而生，而是法律規定的要件不備所造成。因此本文認為，婚姻之撤銷與隨之而生之損害賠償問題，似應較接

---

[33]　參考臺灣屏東地方法院91年度婚字第403號民事判決。

近「結婚之要件」之問題，亦即應適用兩岸人民關係條例第52條之規定。

參、涉陸婚姻事件法律適用的個別性

就涉陸婚姻事件在法律適用上的個別性，可分為涉陸結婚之法律適用，與涉陸婚姻效力之法律適用兩種類型，以下分別說明之。

一、涉陸結婚之法律適用

兩岸人民關係條例第52條規定：「結婚或兩願離婚之方式及其他要件，依行為地之規定。（第1項）判決離婚之事由，依臺灣地區之法律。（第2項）」其所採取的立法模式，是不區分結婚或離婚之類型，統一適用行為地法作為案件之準據法，並且對於判決離婚的事由部分，採取了單面法則立法。

臺灣地區法律學者對於本條之規定多有針貶，例如王泰銓教授即認為：「本條例之立法設計，在法律適用上，整齊劃一，是其優點，結婚之形式要件具有公示性，依行為地之法律堪稱合理；唯實質要件則涉及當事人生活環境之公序良俗，而與行為地較無關係，似不宜依行為地法[34]。」劉鐵錚教授與陳榮傳教授亦認為：本條規定將結婚或兩願離婚之實質要件與形式要件均受行

---

[34] 參王泰銓，當前兩岸法律問題分析，五南圖書，1997年，頁94。

爲地法支配，「在理論依據上似有欠考量。質言之，至少就行爲
能力、法定代理等實質要件，一律規定應依行爲地法，即非妥
當[35]。」似均認爲本條在立法上不區分形式要件與實質要件的法
律適用方式，對於判決之結果將有不妥當之影響。以下本文即就
結婚之形式要件與實質要件之法律適用問題，分別檢驗兩岸人民
關係條例第52條之立法。

(一) 形式要件問題

　　涉陸結婚的形式要件問題，係指有關婚姻是否成立，當事人
是否已履行法定的方式之相關問題。在臺灣地區，即民法第982
條規定：「結婚應以書面爲之，有二人以上證人之簽名，並應由
雙方當事人向戶政機關爲結婚之登記。」此一規定對照大陸地
區婚姻法第8條規定：「要求結婚的男女雙方必須親自到婚姻登
記机關進行結婚登記。符合本法規定的，予以登記，發給結婚
證。取得結婚證，即确立夫妻關系。未辦理結婚登記的，應當補
辦登記。」有如下的區別：

1. 在結婚書面與證人要求部分：依照臺灣地區民法規定，結婚
   必須作成書面，以求當事人結婚意思明確，並由二人以上，
   具有行爲能力之證人簽名於上[36]。一般對於書面的格式並無要
   求，坊間常見的結婚證書，記載結婚雙方當事人意思並有證

---

[35] 參劉鐵錚，陳榮傳，同註10，頁755參照。

[36] 參照最高法院51台上字第551號判例：「民法第九百八十二條所謂結婚應有公開
之儀式，指結婚之當事人應行定式之禮儀，使不特定人得以共聞共見認識其爲
結婚者而言，所謂二人以上之證人，祇須有行爲能力在場親見而願證明者爲已
足，不以證婚人爲限。」

人簽名於上者，亦符合書面與證人之要求。而此一書面與證
人之要求，在大陸地區之婚姻法中則無相關規定。

2. 在登記的要求部分：這點大陸地區婚姻法與臺灣地區民法規
定均相同，以婚姻登記作爲結婚之形式要件。臺灣地區自從
2008年5月23日修正民法第982條後，已廢止儀式婚，改採
法律婚主義。通常戶政機關只要收到結婚當事人的書面，並
確認有二人以上之證人簽名後，備妥相關證件文書即可至戶
政機關辦理結婚登記。大陸地區在結婚程序上，則是採取申
請、審查與登記三階段模式，其中審查是整個結婚登記程序
的中心，主要是查驗當事人提交的證件、證明，以及當事人
是否符合法律規定的結婚條件（實質要件之審查）[37]。

　　比較兩岸結婚登記的規定，不難發現其差異性：雖然臺灣地
區有書面與二人以上證人之要求，但這方面的障礙對結婚當事人
而言並不大，反而是大陸地區婚姻登記管理機關對於結婚登記的
要求，不但須符合形式上的文件、證明規定，主管機關還對於
結婚的實質要件具有審查權，而這項權力卻是臺灣戶政機關所
無。因此從形式要件的規定上來說，我們很難認定究竟是哪一方
對於結婚形式要件的要求較爲嚴格。

　　在結婚的形式要件上，「尊重當事人合法結婚之意願」可
說是一項基本的國際社會主流價值[38]。這項價值在涉陸結婚事務

---

[37] 參考大陸地區「婚姻登記條例」第7條規定：「婚姻登記機關應當對結婚登記當
事人出具的證件、證明材料進行審查並詢問相關情況。對當事人符合結婚條件
的，應當當場予以登記，發給結婚證；對當事人不符合結婚條件不予登記的，
應當向當事人說明理由。」

[38] 參陳隆修，同註15，頁188以下。國際社會的主流價值或稱「主要價值」（pre-
vailing value），爲國際私法「實體法方法論」（substantive law methodology）

上，應該也是同時可以被適用的。而從兩岸現行法制同時對於結婚的形式要件採取法律婚主義的立場而言，尊重當事人依照合法的法律程序結婚之意願，也應該是在處理涉陸結婚事件上一項被遵守的基本原則。因此將涉陸結婚的形式要件的準據法適用，依照行為地法這項原則是可以被接受的，也符合結婚當事人對於合法結婚產生有效婚姻結果的期待。

　　從實證上來說，現行臺灣地區司法實務上，因涉陸結婚之形式要件不備而主張結婚無效之訴訟，已經非常罕見。加上臺灣地區民法修正後採用法律婚主義，使得這類型的爭議問題幾乎不大可能發生。一般而言，在適用兩岸人民關係條例第52條的前提下，只要涉陸結婚符合行為地所規定的法定程序，臺灣法院均會承認其效力，不待臺灣戶政機關對該結婚完成登記[39]。換句話

的中心概念，相關理論並請參陳隆修，父母責任、管轄規則與實體法方法論相關議題評析，陳隆修、許兆慶、林恩瑋、李瑞生共著，國際私法：管轄與選法理論之交錯，五南圖書，2009年，頁140以下。

[39] 例如臺灣高等法院高雄分院101年度家上字第45號民事判決：「**本件上訴人既主張其為臺灣地區人民、被上訴人為大陸地區人民，兩造係於99年8月30日在大陸地區公證結婚，惟未在臺灣地區辦理結婚登記，因此兩造間婚姻關係無效等語，顯係爭執兩造之婚姻是否因違反我國民法第982條、第988條第1款之規定而無效，並非爭執婚姻成立後兩造之權利義務關係。是以揆諸上開說明，本件準據法應依兩岸人民關係條例第52條第1項擇之，即以行為地即大陸地區之法律來判斷兩造婚姻關係是否無效。**（……中略）上訴人復自承其與被上訴人結婚確實有與她共同生活之意，不是與她假結婚等語（見本院卷第52頁）。據此應認兩造於99年8月30日辦理結婚登記時，兩造乃有結婚之真意，亦即具備結婚之實質要件。**況且，上訴人亦未具體舉證證明兩造間無結婚之真意、兩造間之結婚行為違反法律或公共利益等情，自難認定兩造並無結婚真意。是以，兩造之結婚行為既符結婚所在地大陸地區法律所規定之形式暨實質要件，足認兩造之婚姻已成立生效。**」（粗體字部分為作者自加）本案法院認為兩造當事人在大陸地區之公證結婚之效力，不因是否在臺灣地區辦理結婚登記而受影響，其見解殊值贊同。

說，只要在大陸地區婚姻登記機關依法完成結婚登記，就結婚之
效力而言，不需要再經過臺灣戶政機關登記，即可認為婚姻已經
有效成立。惟就實際狀況來說，當事人結婚後均將選擇其共同生
活與居住之區域，設如大陸地區配偶欲取得臺灣地區之居留許
可，仍須依照「大陸地區人民在臺灣地區依親居留長期居留或定
居許可辦法」憑大陸地區有關機關出具之結婚證明文件，經海基
會驗證後辦理申請大陸配偶來臺團聚，並在臺灣戶政機關辦理結
婚登記[40]。如此一方面兩岸人民關係條例規定承認經由大陸地區
法定程序結婚之合法效力，另一方面卻又在行政程序上設計繁瑣
之驗證程序以證明在大陸地區依法定程序結婚事實之真實性，
是否有此必要？在戶籍管理上有無可能以其他的方式簡化或替代
相關的行政手續？似尚有檢討之餘地。

(二) 實質要件問題

　　涉陸結婚的實質要件問題，是指結婚的必備資格，亦即婚姻
能否有效成立，在公益或私益上所應該具備的條件。兩岸民法對
於結婚實質要件之要求、規定內容與法律效果多有不同。為便利
理解雙方法制上差異性，茲將兩岸關於結婚之實質要件規定，整
理列表如表2-1。

---

[40] 參考大陸地區人民在臺灣地區依親居留長期居留或定居許可辦法第4條、第12條
　　以及戶籍法第9條、第15條之相關規定。

表2-1

臺灣地區	大陸地區	違反時法律效果
雙方當事人婚姻意思一致（民法無明文，解釋上與實務通說均採之）	結婚必須男女雙方完全自願，不許任何一方對他方加以強迫或任何第三者加以干涉。（婚姻法第5條）	臺灣地區：無效。
		大陸地區：無效。
非在無意識或精神錯亂中結婚。（民法第996條）	無明文規定，解釋上應肯定。	臺灣地區：請求撤銷。
		大陸地區：無效。
非被詐欺或被脅迫。（民法第997條）	詐欺無明文規定，脅迫有明文。（婚姻法第11條）	臺灣地區：請求撤銷。
		大陸地區：請求撤銷。
達法定結婚年齡，男滿十八歲，女滿十六歲。（民法第980條）	結婚年齡，男不得早於二十二周歲，女不得早於二十周歲。（婚姻法第6條，第50條同時賦予民族自治地方人民代表大會制定變通規定）	臺灣地區：請求撤銷。
		大陸地區：無效。
非重婚（民法第985條第1項）	非重婚。（婚姻法第10條）	臺灣地區：原則無效，但有一方善意且無過失信賴離婚登記或離婚確定判決之例外。
		大陸地區：無效。
非一人同時與二人以上結婚（民法第985條第2項）	實行婚姻自由、一夫一妻、男女平等的婚姻制度。（婚姻法第2條）	臺灣地區：原則無效，但有一方善意且無過失信賴離婚登記或離婚確定判決之例外。
		大陸地區：無效。
非禁婚親：直系血親、旁系血親六親等以內、擬制血親間、直系姻親、旁系姻親五親等以內，輩分不相同者。（民法第983條）	非禁婚親：直系血親和三代以內的旁系血親。（婚姻法第7條）	臺灣地區：無效。
		大陸地區：無效。

表2-1（續）

臺灣地區	大陸地區	違反時法律效果
未成年人結婚須得法定代理人同意。（民法第981條）	無明文規定。（因爲根據中華人民共和國民法通則第11條規定，滿十八歲爲成年人，而依上開婚姻法第6條規定可知，結婚一定是成年人。）	臺灣地區：請求撤銷。
		大陸地區：無規定。
無監護關係（民法第984條）	無明文規定。	臺灣地區：請求撤銷。
		大陸地區：無規定。
非不能人道（民法第995條）	無明文規定。	臺灣地區：請求撤銷。
		大陸地區：無規定。
無明文規定。	患有醫學上認爲不應當結婚的疾病。（婚姻法第7條）	臺灣地區：無規定。
		大陸地區：無效。

　　從上表可知，兩岸關於結婚實質要件之規定，多有欠缺明文規定者，例如非監護關係、非被詐欺、非不能人道及未成年人結婚應得法定代理人同意等結婚實質要件，大陸地區婚姻法對此並無規定；而對於患有醫學上認爲不應當結婚的疾病這種結婚實質要件，亦爲臺灣地區民法規定所無。其次，即使兩岸就同一個結婚實質要件有予以規定，其內涵仍有很大的差異，例如非禁婚親這項結婚實質要件，臺灣地區法律規定之禁婚親範圍，就要比大陸地區的禁婚親規定範圍大的多，又如法定結婚年齡，由於大陸地區鼓勵晚婚晚育（婚姻法第6條），故而其法定結婚年齡要也較臺灣地區之法定結婚年齡大的多。

　　再者，在欠缺結婚實質要件所產生之法律效果上，兩岸的法律規定也不盡相同。在臺灣地區的法律規定上，欠缺實質要件所為之結婚，僅在重婚、一人同時與二人以上結婚、禁婚親違反與欠缺結婚之合意等情形，會發生結婚無效的法律效果。其他結婚實質要件欠缺的情形，僅當事人得向法院請求撤銷而已。相反地，在大陸地區法律規定上，欠缺結婚實質要件所為之結婚，原則上為無效。欠缺結婚實質要件得由當事人主張撤銷的情形只有一種，就是因脅迫而結婚。並且，關於撤銷的效力，依照大陸地區婚姻法第12條規定：「無效或被撤銷的婚姻，自始無效。當事人不具有夫妻的權利和義務。」此一規定與臺灣地區民法第998條，「結婚撤銷之效力，不溯及既往。」亦大不相同。

　　理論上，兩岸對於結婚實質要件的規定既然有不小的差異，則如果在區際法律衝突的規定上採取行為地法主義，將變相地造成鼓勵當事人規避法律，並可能對任一方的公共秩序造成破壞與挑戰[41]。不過實際上，這種情形並不多見，大部分涉陸結婚實質要件的爭議，在嚴守法律婚主義以及公部門機關的強力介入下，可以提出文件與證件以證明結婚符合實質要件者，幾乎都不會出現爭議問題。例如年齡、單身身分、親屬關係與健康狀況等。然而，對於其他難以用文件與證件證明之實質要件，例如結婚的合意，或是結婚意志的自由，往往成為涉陸結婚實質要件爭議的焦點。

　　涉陸結婚實質要件採取行為地法主義，在個案上將有可能造成不合理的結果。舉例而言，大陸地區人民B女假冒他人，詐欺

---

[41] 同此見解，參陳榮傳，同註14，頁146以下參照。

臺灣地區人民A男在大陸地區依法登記結婚。根據兩岸人民關係
條例第52條規定，此一婚姻依行為地法（即大陸地區婚姻法）
規定為有效，但在臺灣卻是可受當事人請求撤銷結婚之事由[42]。
由於從臺灣的法律制度來看，大陸地區之婚姻法對於「未受詐欺
而結婚」並未列為結婚實質要件，如此消極的未有立法，對於臺
灣地區之公序良俗實難謂有何違背可言，因此不可能適用兩岸人
民關係條例第44條規定，以公序良俗為由排除「不存在的」大
陸地區法律之適用。但如此一來，A男卻可能只因為選擇在大陸
地區結婚，便失去原先得以依照臺灣地區法律向法院請求撤銷婚
姻之合法權利，而這樣的結論無論如何是令人難以接受的[43]。

　　如果將兩岸人民關係條例第52條規定，與臺灣地區涉外
民事法律適用法第46條「婚姻之成立，依各該當事人之本國
法」，以及大陸地區之中華人民共和國涉外民事關係法律適用法

---

[42] 法務部法律決字第10100077750號函釋亦認為：「臺灣地區與大陸地區人民關
係條例第52、53條及民法第985、988條等規定參照，倘大陸地區人民女子假冒
他人身分與不知情臺灣地區人民男子結婚，如依行為地法已具備結婚形式及實
質要件，雖假冒他人之名，如雙方本於自主意思且就當事人同一性彼此認識無
誤，其婚姻應仍屬有效存在，又該女嗣後於婚姻關係存續中以真實姓名與另名
臺灣地區人民男子結婚，如屬依法有效成立婚姻，則應屬重婚而無效」。

[43] 在實際的案例中，臺灣臺中地方法院94年度家訴字第139號就遭遇到同樣的案例
事實，一名大陸女子冒用已死亡之另一名大陸女子詐欺臺灣男子在大陸地區登
記結婚，後來女子自己承認此一詐欺結婚事件，案經臺灣男子向臺中地方法院
提起確認婚姻關係不成立之訴，請求法院撤銷其受詐欺所締結之婚姻。然而本
案法官選擇適用的條文卻是兩岸人民關係條例第53條，亦即將本案定性為結婚
之效力問題。本文認為，這是法律適用上的錯誤，因為受詐欺而結婚，顯然是
結婚實質要件不備的問題，應該定性為結婚之「其他要件」問題，而適用兩岸
人民關係條例第52條，依行為地之規定，即大陸地區規定判決本案。然而，如
此的結果，將可能導致受詐欺婚姻無法被撤銷的結果，因為大陸地區婚姻法根
本對此並無規定。

第21條「結婚條件，適用當事人共同經常居所地法律；沒有共同經常居所地的，適用共同國籍國法律；沒有共同國籍，在一方當事人經常居所地或者國籍國締結婚姻的，適用婚姻締結地法律。」相比較，可以看出對於結婚實質要件的法律適用方式，因為考慮其性質為屬人事項，故而在準據法的選擇上，通常是以屬人法事項之連繫因素代表「國籍」、「經常居所地」為主要的連繫因素，結婚之行為地反而是被列為次要的、輔助的連繫因素。因此本文認為，如果在區際法律衝突要採取不同的連繫因素，作為新衝突法則時，除非有堅強的理由可以支持這樣的立法，否則還是宜將問題回歸於屬人法事項的選法本質，將區際法律衝突規範與國際法律衝突規範為同一之規定，以避免徒增困擾。

二、涉陸婚姻普通效力之法律適用

涉陸婚姻普通效力的法律適用，係指婚姻關係效果在夫妻間直接發生者，亦即婚姻關係的身分上效力的法律適用問題。這種身分上的效力與夫妻關係因為婚姻產生的財產上效力不同，後者所涉及的主要是夫妻財產制之問題，其法律適用的相關規定為兩岸人民關係條例第54條：「臺灣地區人民與大陸地區人民在大陸地區結婚，其夫妻財產制，依該地區之規定。但在臺灣地區之財產，適用臺灣地區之法律。」而涉陸婚姻普通效力之法律適用，則見於兩岸人民關係條例第53條規定：「**夫妻之一方為臺灣地區人民，一方為大陸地區人民者，其結婚或離婚之效力，依臺灣地區之法律。**」

　　從立法的體例來看，如果拿兩岸人民關係條例第53條與涉外民事法律適用法第47條「婚姻之效力，依夫妻共同之本國法；無共同之本國法時，依共同之住所地法；無共同之住所地法時，依與夫妻婚姻關係最切地之法律」規定相比，後者採取了雙面法則式的立法，並且以屬人法的連繫因素「國籍」作為案件準據法的主要選擇指引，這是其與前者最大的不同。兩岸人民關係條例第53條不但採取了單面法則式的立法，同時也採取了屬人主義作為其法律適用的標準。換句話說，兩岸人民關係條例第53條是以結婚當事人的「身分」作為法律適用之條件：當夫妻一方為臺灣地區人民時，有關結婚之效力問題便直接適用臺灣地區的法律。更進一步地推論，如果本條所指的臺灣地區之法律不包括臺灣地區之區際衝突法，而是指臺灣地區之實體法規時，那麼這種立法的模式其實已經相當於國際私法理論中「即刻適用法」的立法類型了[44]。

　　從衝突法則的歷史發展來看，對於涉外婚姻普通效力的法律適用問題，大多與屬人法事項的法律適用原則相一致，亦即採取「本國法主義」或是「住所地法主義」作為法律適用的標準。前者為臺灣地區衝突法規所採，過去是以婚姻關係中單方的本國法主義（例如夫之本國法）作為法律適用的標準[45]，2012年涉外民事法律適用法修法後改採共同的本國法主義[46]；後者則演進為

---

[44] 關於即刻適用法的意義與辯證，可參陳隆修、許兆慶、林恩瑋，國際私法：選法理論之回顧與展望，翰蘆，2007年，頁10以下說明。

[45] 涉外民事法律適用法舊法第12條規定：「婚姻之效力，依夫之本國法。但為外國人妻，未喪失中華民國國籍，並在中華民國有住所或居所，或外國人為中華民國國民之贅夫者，其效力依中華民國法律」，可茲參考。

[46] 參考涉外民事法律適用法第47條修正理由：「關於婚姻之效力，原條文第十二

「習慣居所地法主義」，為大陸地區涉外民事關係法律適用法所採，該法第23條即規定：「夫妻人身關係，適用**共同經常居所地**法律；沒有共同經常居所地的，適用**共同國籍**國法律。」可資參照。

　　法律衝突的案件中，關於婚姻普通效力法律適用原則採取屬人法主義，其最主要的理由是認為婚姻普通效力問題是身分關係的一種，與其他身分關係相同，所以應該依照可以反映出當事人所屬環境之民族傳統、風俗習慣、宗教與倫理道德的屬人法原則決定應適用的法律[47]。因此，究竟是強調屬地因素的住所地法主義還是強調屬人因素的本國法主義最能反映出法律與婚姻當事人的連繫性，往往成為立法上爭論的焦點。

　　問題是，兩岸人民關係條例第53條對於涉陸婚姻普通效力的法律適用，並不採取雙面法則與屬人法主義，而採取了適用臺灣地區之法律的單面法則，這樣的立法目的顯然是著眼於保障臺灣地區配偶的利益。然而就實體法規定而言，這種立法設計是否有其必要？會不會在個案中造成不合理之結果？似值研究。

　　為便利比較雙方法制，茲將兩岸關於婚姻普通效力之規定，整理列表如表2-2。

條專以夫或妻單方之本國法為準據法，**與兩性平等原則之精神並不符合**。爰參考德國民法施行法第十四條、日本法律適用通則法第二十五條、義大利國際私法第二十九條等立法例之精神，修正為應依夫妻共同之本國法，無共同之本國法時，依共同之住所地法，無共同之住所地法時，則由法院綜合考量攸關夫妻婚姻之各項因素，包括夫妻之居所、工作或事業之重心地、財產之主要所在地、家庭成員生活重心之地、學業及宗教背景等，而以其中關係最切地之法律，為應適用之法律，俾能符合兩性平等原則及當前國際趨勢。」

[47] 參李後政，涉外民事法律適用法，五南圖書，2010年，頁330以下。

表2-2

臺灣地區	大陸地區
貞操義務（間接承認）	夫妻應當互相忠實，互相尊重。（婚姻法第4條）
夫妻姓氏（民法第1000條）：各保有本姓，得冠配偶之姓，隨時恢復本姓。	夫妻雙方都有各用自己姓名的權利。（婚姻法第14條）
住所（民法第1002條）：共同協議或法院指定。	登記結婚後，根據男女雙方約定，女方可以成為男方家庭的成員，男方可以成為女方家庭的成員。（婚姻法第9條）
同居義務（民法第1001條）	學說上承認之。
扶養義務（民法第1114條）	夫妻有互相扶養的義務。一方不履行扶養義務時，需要扶養的一方，有要求對方付給扶養費的權利。（婚姻法第20條）
配偶，有相互繼承遺產之權。（民法第1144條）	夫妻有相互繼承遺產的權利。（婚姻法第24條）
日常家務代理權（民法第1003條）	無明文規定。
家庭生活費用分擔義務（民法第1003條之1）連帶責任，各依其經濟能力、家事勞動或其他情事分擔之。	無明文規定。
未成年人已結婚者，有行為能力。（民法第13條第3項）	無明文規定。（因結婚一定是成年人）

　　如果在涉陸婚姻普通效力事件上要採取一律適用臺灣地區法律的原則，這個前提必須是建立在適用臺灣地區法律規定的結果，要比適用大陸地區的法律規定的結果來的有利。易言之，如果適用臺灣地區的法律規定反而不利於臺灣地區配偶的利益時，這樣的立法方式就是可受質疑的。

　　從上表可知，兩岸關於婚姻普通效力之規定，基本上大致相

同，僅於日常家務代理權、家庭生活費用分擔義務、未成年人已結婚者取得行為能力等規範上有所差異。特別是家庭生活費用分擔義務部分，民法第1003條之1規定：「家庭生活費用，除法律或契約另有約定外，由夫妻各依其經濟能力、家事勞動或其他情事分擔之（第1項）。因前項費用所生之債務，由夫妻負連帶責任（第2項）。」此項規定，特別是夫妻對於家庭生活費用之債務負連帶責任的規定，大陸地區法律並無明文。因此當臺灣地區配偶為經濟上弱勢一方時，適用民法第1003條之1之規定反而可能是不利的[48]。

　　而除此之外，在涉陸婚姻普通效力事件上，無論是適用臺灣地區的法律，或是大陸地區的法律，基本上差異性都不大，採用單面法則以保護臺灣地區人民的這種想法，似乎是多慮的。易言之，在涉陸婚姻普通效力事件上似乎無須就其做衝突法則式的、原則性的規定，因為這部分的法律衝突問題不大，或甚至不

---

[48] 民法第1003條之1所稱之「家庭生活費用」涵義甚廣，即以臺灣臺北地方法院99年醫字第39號民事判決為例，法院認為「依民法1003條之1第1、2項，家庭生活費用，除法律或契約另有約定外，由夫妻各依其經濟能力、家事勞動或其他情事分擔之。因前項費用所生之債務，由夫妻負連帶責任。又家庭生活費用，包括必要之醫藥費用在內。夫妻之一方仰賴醫院之醫療機器、診察、處方、藥品及住院病房等醫療行為維持生命，自為必要之醫藥行為，是其未給付予醫院之醫療費用自屬於家庭生活費用，依該條第2項規定，有關家人醫藥費及看護費之支付，核屬家庭生活之必要行為，難謂非日常家務，其配偶自應就系爭醫療費用負連帶給付責任。」如此配偶對他方在外所積欠之債務，只要得列入家庭生活費用者，即對債權人負連帶給付責任，這種將個別責任轉為連帶責任規定，與大陸地區之法律相比，雖較能保障債權人之權益，但從經濟弱勢的一方配偶因此被迫承擔經濟優勢一方配偶之債務責任這點來說，顯然對弱勢配偶是較為不利的規定。

存在，立法上似乎直接以實體法規定的方式處理即可[49]。

肆、結　論

　　從1993年海基會、海協會開啓事務性談判以來，兩岸在會談的重點上，已逐步進展至制度性合作階段。雖然，以法律形式立法確認兩岸協議成果者，目前爲止還沒有出現，且兩岸會談成果，大多以程序性的事務爲主，在兩岸人民民事實體法律關係部分，迄今兩岸尙無一個統一的實體法規可援以處理兩岸人民之民事問題，在歷次兩岸會談的議題中，亦從未就此一部分進行協商與討論。

　　但無可否認的是，兩岸政府如果要繼續推動制度性的合作，必須愼重考慮妥善處理彼此法規差異性的問題。因此，在制度性會談的推動上，兩岸應當借重各自衝突法人才之智慧與經驗，廣納各方意見，以建立互惠、穩定與公平之衝突法機制，妥善地處理兩岸民事法律問題。

　　作爲區際衝突法的立法典型，兩岸人民關係條例所揭櫫的法律適用方式，與作爲國際私法立法典型之涉外民事法律適用法的法律適用方式大不相同。而這種差異的存在是否合理，在兩岸人民關係條例施行20餘年後的今日，實有討論之必要。

---

[49] 例如參考臺灣地區民法第1000條，於兩岸人民關係條例中直接明文規定：「夫妻各保有其本姓。但得書面約定以其本姓冠以配偶之姓。」或參考第1116條之1，規定「夫妻互負扶養之義務，其負扶養義務之順序與直系血親卑親屬同，其受扶養權利之順序與直系血親尊親屬同。」等方式立法，而無須採用中介性質的衝突法則規範。

　　在涉陸案件上，採用「涉陸因素」這種與涉外案件中之「涉外因素」相類似的概念，是不甚可行的。這是因為兩岸人民關係條例在立法模式的設計上，不但包括了屬地性的「法域衝突」，並且還包括了屬人性的「人際法律衝突」。這種同時在一個法律適用問題上規範屬人與屬地兩種不同的法律適用標準，將使得「涉陸因素」概念在涉陸案件中無用武之地。

　　在涉陸婚姻案件的定性上，約有兩類問題。第一類定性問題來自於法官對於法律關係性質認知的誤解，第二類定性問題的發生原因，則主要來自於臺灣地區承認某項制度，而該項制度卻為大陸地區所不承認者。無論如何，本文認為就定性問題的處理上，區際衝突法的作法應當比國際私法的作法更為彈性，亦更為獨立。本文進一步認為，這種定性的衝突應該交由兩岸的法律學者仔細討論，獨立定性，以協調出適合的法律衝突解決方式，避免產生訴訟當事人任擇法院之不公平結果。

　　在涉陸結婚之形式要件法律適用問題上，「尊重當事人合法結婚之意願」為基本的國際社會主流價值。這項價值也同時可以適用在涉陸結婚事務上。從實證上來說，現行臺灣地區司法實務上，因涉陸結婚之形式要件不備而主張結婚無效之訴訟，已經非常罕見。在適用兩岸人民關係條例第52條的前提下，只要涉陸結婚符合行為地所規定的法定程序，即使臺灣戶政機關對該結婚尚未完成登記，臺灣法院仍會承認其效力。因此在行政程序上設計繁瑣之驗證程序以證明在大陸地區依法定程序結婚事實之真實性，似乎無此必要，實有檢討簡化改進之空間。

　　在涉陸結婚之實質要件法律適用問題上，由於兩岸對於結婚實質要件的規定有不小的差異，則在兩岸人民關係條例就此一問

題採取行為地法主義之結果，將變相地造成鼓勵當事人規避法律，並可能對任一方的公共秩序造成破壞與挑戰，且在個案上可能造成不合理的結果。解決之道，宜重新立法，將問題回歸於屬人法事項的選法本質，以避免徒增困擾。

在涉陸婚姻的效力法律適用問題上，兩岸實體法關於婚姻普通效力之規定，基本上大致相同，無論是適用臺灣地區的法律，或是大陸地區的法律，基本上差異性都不大，法律衝突之問題較小，似無必要以衝突法則間接處理之，故本文建議，此部分可考慮以實體法模式立法，直接規定解決婚姻效力所生之權義問題[50]。

---

[50] 例如，在婚姻的實質要件方面，因臺灣地區與大陸地區同採單婚制，可考慮直接立法為：「結婚有下列情形之一者，無效：一、重婚者。二、一人同時與二人以上結婚者。」而無須再以中介性質的選法規則方式規定。（即兩岸人民關係條例第52條之「依行為地法之規定」）

參考文獻

一、中文部分

王泰銓，當前兩岸法律問題分析，五南圖書，1997年。

伍偉華，涉陸婚姻事件之區際管轄與法律適用，法學叢刊，第232期，2013年10月。

伍偉華，臺灣涉陸確認婚姻無效訴訟之區際衝突法，賴來焜編，2007兩岸國際私法研討會論文集，元照，2008年。

李後政，涉外民事法律適用法，五南圖書，2010年。

林俊益，海峽兩岸婚姻、繼承法律問題之研究，臺灣士林地方法院1993年研究發展項目研究報告，1993年5月31日。

林恩瑋，國際私法理論與案例研究，五南圖書，2013年。

柯澤東，國際私法新境界：國際私法專論，元照，2006年。

馬漢寶，國際私法，自刊，2004年9月。

馬漢寶，談國際私法案件之處理，軍法專刊，第28卷第10期，1982年11月。

梅仲協，國際私法新論，三民書局，1990年。

陳棋炎、黃宗樂、郭振恭，民法親屬新論，三民書局，2006年。

陳隆修，比較國際私法，五南圖書，1989年。

陳隆修，美國國際私法新理論，五南圖書，1987年。

陳隆修、許兆慶、林恩瑋，國際私法：選法理論之回顧與展望，翰蘆，2007年。

陳隆修、許兆慶、林恩瑋、李瑞生著，國際私法：管轄與選法理論之交錯，五南圖書，2009年。

陳榮傳，兩岸法律衝突的現況與實務，學林，2003年。（Rong-

Chwan Chen, Current Status and Practice of Cross-Strait Conflict of Laws, Sharing , Sep. 2003.）

曾陳明汝，國際私法原理（上集），學林，2003年。

黃進，區際衝突法，永然文化，1996年。

楊大文主編，曹詩權副主編，婚姻家庭法，中國人民大學出版社，2002年7月。

劉仁山主編，國際私法，中國法制出版社，2010年。

劉鐵錚、陳榮傳，國際私法論，三民書局，2010年。

蔡華凱，外國法的主張、適用與證明—兼論國際私法選法強行性之緩和，東海大學法學研究，第24期，2006年6月。

蔡華凱，國際裁判管轄總論之研究：以財產關係訴訟為中心，中正法學集刊，第17期，2004年10月。

賴來焜，國際私法中區際法律衝突之研究，馬漢寶教授八秩華誕祝壽論文集，法律哲理與制度：國際私法，元照，2006年。

賴來焜，當代國際（私）法學之基礎理論，自刊，2001年。

賴淳良，定性之客體，中國國際私法學會2008年年會論文集，西北政法大學主辦，2008年。

二、外文部分

Bureau, D. et Muir Watt, H., Droit international privé (Tome I), PUF, 2éd., 2010.

Elhoueiss, J.-L., L'élément d'extranéité préalable en droit international privé, J.D.I., 1, 2003, p. 39-85.

Mayer, P. et Heuzé, V., Droit international privé, Montchrestien , 10e éd., 2010.

|第三章|
網路誹謗的法律適用問題研究

現在的報章之不能像個報章，是真的；評論的不能遄心而談，失了威力，也是真的，明眼人絕不會過分的責備新聞記者。但是，新聞的威力其實是並未全盤墜地的，它對甲無損，對乙卻會有傷；對強者它是弱者，但對更弱者它卻還是強者，所以有時雖然吞聲忍氣，有時仍可以耀武揚威。

——論人言可畏，魯迅

壹、前 言

1935年，在知名電影明星阮玲玉自殺之後，魯迅在「太白」半月刊上發表了「論人言可畏」，表達了他對這個新聞事件的看法。「人言可畏」據傳是當時阮玲玉遺書上的一句文字，彰顯的是對於誹謗行為最深沈抗議。而今日的世界，文字、語言、圖像乃至於影音所造成的影響，透過網際網路的技術傳播，與80年前的時空環境相比，要來的更廣、更深。誹謗行為所造成的法律上問題，也相形於以往更為複雜。

作為「第三次工業革命」的技術性象徵之一，網際網路不但改變了人們獲取資訊的方式，也打破了過去主流被動式媒體

（例如電視新聞、報紙）的壟斷地位[1]。而網際網路最大的特徵之一，首先在於其無國界性／超越地理性的性質。數位化技術的發展，使得訊息的重製幾無成本可言。訊息的傳播透過網際網路的平臺，不但便利，並且難以有效管制。再者，當訊息公布在網際網路上時，訊息的流向具有高度的不確定性，包括接觸訊息者或是再轉訊息者，均難以精確的預測。這些均使得傳統上依附地理因素作爲法律適用標準的國際私法學科，在面對誹謗一類的法律適用問題上，遭遇了相當棘手的挑戰。

　　本文旨在討論網路誹謗法律適用問題上，究應如何定性網路誹謗爭議，檢驗學說理論與實務見解對於此一問題認知上的差距，從而分析在臺灣法制下，包含現行大陸地區與兩岸地區人民關係條例（下簡稱「兩岸人民關係條例」）、香港澳門條例（下簡稱「港澳條例」），以及新修正涉外民事法律適用法（下簡稱「新涉民法」）之相關規定，法院對於網路誹謗問題應如何適用法律，以符公平、合理及有效救濟之原則。以下即就網路誹謗之性質（標題貳）及網路誹謗之法律選擇（標題參），分別說明之。

---

[1] 十九世紀，煤炭與蒸氣的應用及印刷技術的發明，大幅提升人民的識字率，使從事商業活動的人民增加，稱之爲第一次工業革命。到了二十世紀，電力通訊的發明，如電話、廣播及電視，取代印刷成爲了管理複雜商業活動的媒介；石油及天然氣則取代了煤礦成爲新能源，間接發展出汽車及需要標準化、自動化生產的大眾消費品，是爲第二次工業革命。而所謂第三次工業革命（Third Industrial Revolution），指的是依靠網際網路通訊及再生能源型態所進行的工業模式。參考Jeremy Rifkin原著，張體偉、孫豫寧譯，第三次工業革命，經濟新潮社，2013年，頁1-5。

貳、一般誹謗與網路誹謗

一、一般誹謗：「真衝突（true conflict）」問題

臺灣民法並無就誹謗之行為所生之法律效果為特別之規定，一般而言，誹謗行為均被定性為侵害名譽權之一種侵權行為。按民法第184條規定：「因故意或過失，不法侵害他人之權利者，負損害賠償責任。故意以背於善良風俗之方法，加損害於他人者亦同。」其中權利一項，自包括人格權在內。次按民法第195條規定「不法侵害他人之身體、健康、名譽、自由、信用、隱私、貞操，或不法侵害其他人格法益而情節重大者，被害人雖非財產上之損害，亦得請求賠償相當之金額。其名譽被侵害者，並得請求回復名譽之適當處分。」名譽權作為上開條文特別被類型化的一項人格權利，誹謗行為既係對於他人名譽權產生減損之侵害，則依臺灣法律標準性的結果，亦屬於侵權行為之一種類型。

在臺灣，誹謗行為同時也是刑事犯罪行為。刑法第310條規定：「意圖散布於眾，而指摘或傳述足以毀損他人名譽之事者，為誹謗罪，處一年以下有期徒刑、拘役或五百元以下罰金。（第1項）散布文字、圖畫犯前項之罪者，處二年以下有期徒刑、拘役或一千元以下罰金。（第2項）對於所誹謗之事，能證明其為真實者，不罰。但涉於私德而與公共利益無關者，不在此限。（第3項）」其中第3項之規定，在學理上稱之為「特別阻卻違法事由」，係針對指摘傳述與公共利益有關，而無涉私德之事，仍舊享有憲法所保障的表見自由，而不構成誹謗罪。此

外，刑法第311條更就特定情形的言論，設定若干阻卻構成要件
事由[2]，以保障行為人善意發表之言論：「以善意發表言論，而
有左列情形之一者，不罰：一、因自衛、自辯或保護合法之利益
者。二、公務員因職務而報告者。三、對於可受公評之事，而為
適當之評論者。四、對於中央及地方之會議或法院或公眾集會之
記事，而為適當之載述者。」

　　世界各國在衝突法的問題上，面對涉外誹謗行為，無不注
意到言論自由保障和個人名譽權保護間所呈現的拉鋸關係。一
如侵權行為的性質，往往牽涉到一國的法律強烈的公共政策實
現與公益保障維護的問題，誹謗行為亦然，事實上取決於各國
法律對於言論自由在立法與司法政策上的保障程度，從法律衝
突的類型而言，涉外誹謗的法律適用，屬於法律「真衝突（true
conflict）」的問題[3]。因此，法院地國的法律對於此類案件干涉
的程度，顯然要高於其他的涉外侵權案件。易言之，在誹謗行
為的部分，常常出現公法上的犯罪構成要件判斷標準進入到私法
領域中影響損害賠償要件判斷之情形，這種作法亦為臺灣最高法
院所援用。例如最高法院民事第六庭在97年度台上字第970號民
事判決中，即採取這種見解。該案原告為立法委員，主張蘋果日

---

[2]　林山田，刑法各罪論，自刊，2006年，頁264以下。
[3]　在法律衝突類型中，所謂真衝突問題，按照美國Currie教授的見解，係指涉案
　　的各州或各法域，對於其法律及政策的執行，亦即被選為準據法，均具有正當
　　與合法的利益之情形。Currie教授並主張，當案件呈現真衝突的情形時，對此
　　類案件採用放棄哲學（give-it-up philosophy），此種衝突應由立法部門提出解
　　決的方案，而作為司法部門的法院因為無權衡量相衝突的利益優劣，則僅能適
　　用法院地法作為裁判之基礎。參考陳隆修、許兆慶、林恩瑋共著，國際私法：
　　選法理論之回顧與展望，翰蘆，2007年，頁52-53。

報記者刊載有關其性侵害之不實報導，足使不知情之讀者誤認其
強暴女職員，造成其社會上評價之貶損，嚴重侵害其名譽權，故
主張蘋果日報與撰寫報導之記者應對其連帶負侵權行為損害賠償
責任。而被告方面則以本案具備阻卻違法事由，系爭報導已經合
理查證，與警方移送偵查事實相符，更採訪兩造當事人說法，為
平衡報導，原告身為立法委員，其與職員在國會辦公室發生妨害
性自主行為，與公共利益有關，且可受公評云云作為答辯。

　　關於如何判斷誹謗行為的不法性部分，臺灣高等法院認為刑
事不法（誹謗罪）與民事不法（侵害名譽權）不同，後者「並無
如刑法第310條第3項前段之免責規定，縱行為人有相當理由確
信其所指摘或傳述足以毀損他人名譽之事項為真實，亦不能據以
免除其侵權行為之民事賠償責任。」並且「509號解釋之適用範
圍應僅限縮於刑事不法之認定，而不及於民事不法之認定。」因
而判決原告（即被上訴人）勝訴。但這種看法並不被最高法院接
受。最高法院認為：「言論自由旨在實現自我、溝通意見、追求
真理，及監督各種政治或社會活動；名譽則在維護人性尊嚴與
人格自由發展，二者均為憲法所保障之基本權利，二者發生衝突
時，對於行為人之刑事責任，現行法制之調和機制係建立在刑法
第310條第3項「真實不罰」及第311條「合理評論」之規定，及
509號解釋所創設合理查證義務的憲法基準之上，至於行為人之
民事責任，民法並未規定如何調和名譽保護及言論自由，固仍應
適用侵權行為一般原則及509號解釋創設之合理查證義務外，**上
述刑法阻卻違法規定，亦應得類推適用。**（……中略）民法上
名譽權之侵害雖與刑法之誹謗罪不相同，惟刑法就誹謗罪設有
處罰規定，該法第310條第3項規定「對於所誹謗之事，能證明

其爲眞實者，不罰。但涉於私德而與公共利益無關者，不在此限」；同法第311條第3款規定，以善意發表言論，對於可受公評之事，而爲適當之評論者，亦在不罰之列。（……中略）上述個人名譽與言論自由發生衝突之情形，於民事上亦然。是有關上述不罰之規定，於民事事件即非不得採爲審酌之標準。亦即，**行為人之言論雖損及他人名譽，惟其言論屬陳述事實時，如能證明其為真實，或行為人雖不能證明言論內容為真實，但依其所提證據資料，足認為行為人有相當理由確信其為真實者；或言論屬意見表達，如係善意發表，對於可受公評之事，而為適當之評論者，不問事之真偽，均難謂係不法侵害他人之權利，尚難令負侵權行為損害賠償責任。**又陳述之事實如與公共利益相關，因新聞媒體非如司法機關具有調查眞實之權限，就新聞報導之形成過程而言，新聞報導之眞實，實爲主客觀交互辯證之眞實，並非如鏡眞實的反應客觀，如其須證明報導與客觀事實相符，始得免責，無異課與媒體於報導之前，須調查眞實之義務，對於言論自由不免過於箝束，是**於報導當時，如其內容係未經新聞組織本身的不當控制，消息來源無刻意偏向，議題發展的新聞情境未受到不當因素扭曲，所形成之新聞報導即屬真實，縱嗣後經證明與客觀事實未完全相符，亦不影響報導內容應屬真實之認定。**又公眾人物較容易經由大眾傳播媒體發表意見，足以影響公共事務及政策，於社會規制上具有作用，尤以**國會立法委員代表人員參與國家公共政策之形成，對於事務議題所為價值判斷均應以人民之價值偏好為本，其言行縱涉入私領域亦難謂與公益無關，是其當以最大容忍，接受新聞媒體之檢視，以隨時供人民為價值取捨。**原審謂釋字第509號解釋之適用範圍僅限縮於刑事不法之認定，民

法第195條名譽被侵害之規定，並無如刑法第310條第3項前段免責規定，縱行為人有相當理由確信其所指摘或傳述足以毀損他人名譽之事項為真實，亦不能據以免除其侵權行為之民事賠償責任等語，所持法律見解，非無可議。」

　　另外，由於誹謗行為侵害名譽權具有相當的惡意性，對於誹謗所造成的損害賠償問題，其適當的損害賠償範圍究竟應如何認定，各國的看法亦頗不一致。例如在英國，根據研究，誹謗案件經由陪審團判決後，其賠償金額一般在5萬英鎊區間左右，有時甚至可達到100萬英鎊之譜，並且被告還必須負擔原告的訴訟費用與律師費用[4]。在美國，對於誹謗案件甚至可作成懲罰性賠償（punitive damages）的判決，而超出一般損害填補的範圍甚巨。

　　無論如何，各國為了落實其保護言論自由與維護私人名譽權不受侵害的法律政策，對於誹謗行為的損害賠償問題常有不同之見解[5]，而最後法院往往會選擇法院地法作為這類型案件之準據法。在Yahoo!, Inc. v. La Ligue Contre le Racisme et L'Antisemitisme案（以下簡稱「Yahoo!案」）中[6]，法國法院判決Yahoo!公司應該對其在Yahoo.com網站上允許使用者刊登陳列納粹相關紀念品的訊息違反法國法之相關規定而負責，但法國法

---

[4]　Douglas W. Vick and Linda Macpherson, Anglicizing Defamation Law in the European Union, 36 Va. J. Int'l L. 933 (1996), at 944.

[5]　歐盟2007年7月11日第864/2007號關於非契約之債準據法規則（即一般簡稱「羅馬二號規則」）第1(g)條明文排除誹謗案件之適用，顯見誹謗案件問題爭議甚大，歐盟各國間仍難有定論。

[6]　169 F. Supp. 2d 1181 (N.D. Cal. 2001). 相關案件評論可參考D. A. Laprès, L'exorbitanate affaire Yahoo, JDI, 2002, pp. 975-999.

院此一判決卻被美國北加州地方法院拒絕執行，理由是此一判決違反美國憲法第一修正案所揭櫫之言論自由原則。北加州地方法院認為，雖然就國際禮讓的觀點而言，法國法應該受到尊重，但是「國際禮讓原則因法院維護美國憲法第一修正案的義務而重要（The principle of comity is outweighed by the Court's obligation to uphold the First Amendment）[7]。」美國法院無法接受當外國法律（本案為法國法）違反美國法律時，該外國法律仍得規範美國公民在美國的行為的論調。

因此，在涉外誹謗的案件中，無論就涉外侵權行為的法律選擇是否採取「雙重可訴原則（rule of double actionability）」[8]，法院地國法往往有著舉足輕重的決定性地位，這也是選購法院（forum shopping）在跨國性的誹謗案件中流行的主要原因。例如英國法素以有利於原告（往往為誹謗案中的受害者）著名，英國誹謗法的主要立場係認為言論自由並無高於個人權利之地位。而英國法院傳統上對於誹謗案件亦以適用法院地法為原則，在舉證責任的負擔上，原告只要證明被告故意對第三人進行直接或間接的誹謗陳述，而無須證明其遭受實際損害（actual injury），當原告為公眾人物時，亦無須證明被告的誹謗行為是出於惡意（因為誹謗的控訴本身就是訴因），即可推定原告已盡舉證義務，而關於誹謗案的判決賠償金額亦經常採取高額賠償，因此倫敦有「世界誹謗首都（the libel capital of the

---

[7] Id., at 1193. 國際禮讓原則通常作為美國法院適用外國法之基本理由。

[8] 即在侵權行為的準據法上兼採行為地法及法院地法主義。舊涉民法第9條規定「關於由侵權行為而生之債，依侵權行為地法。但中華民國法律不認為侵權行為者，不適用之。」即屬於雙重可訴原則的立法類型。

word）」之戲稱[9]。

　　上述關於涉外誹謗的法律性質，其所牽涉的事實仍與誹謗行為所涉及的地理因素相關。因此，就傳統的侵權行為選法規則觀點而言，一般現實世界的誹謗行為仍然可以透過其案件中地理因素的判斷，例如誹謗行為損害結果的發生地，或是進行誹謗行為的行為地，選擇出與案件相關聯之準據法。雖然這種依靠地理因素連結選擇法律的方式，通常在實務上不會遭遇太大的困難。但網路誹謗與現實世界的誹謗在性質上有相當的差異，特別是如果法院僅以透過地理因素連結選擇法律，由於網際網路的特性使然，這種傳統的方式將遭遇許多障礙。以下即就網路誹謗案件的特殊性，進一步說明之。

二、網路誹謗行為的特殊性

　　網際網路的傳播原理，與一般傳統的傳播工具不同之處，主要在於網際網路的資訊接觸對象通常是開放的、不特定的，並且資訊來源除非經過特別設定或聲明，往往難以追查。一個放置在網路平臺上的原始資訊，可能在很短的時間內就經過多手的製作與加工，使得真正呈現原始的資訊反而被掩蓋過去，呈現在網際網路平臺上資訊內容的多元性，也是傳統的傳播工具所難望其項背的。

　　因此，在網際網路上流傳的誹謗言論，所造成的影響也與使

---

[9]　See Christopher J. Kunke, Rome II and Defamation: Will the Tail Wag the Dog?, 19 Emory Int'l L. Rev. 1733 (2005), at 1746. Also see Douglas W. Vick and Linda Macpherson, supra note 4, p. 934.

用傳統的傳播工具（例如報紙、電視、文字廣告等）進行誹謗的行為不同。一般來說，網路誹謗行為具有以下的特殊性質：

(一) 非地理性（non-geographic）

　　許多現代傳輸工具均具有非地理性的特質，例如電報、電話、傳真、無線電廣播等，均可以透過特定的傳輸設備，輕易地跨越國境，而不受地理之限制。然而網際網路傳播的非地理性則要更為明顯，甚至可說非地理性即為網際網路最大的特徵，是用來判斷與相對封閉型的內部網路（intranet）的一項重要標準。通常而言，現代傳輸工具必須由資訊傳輸者透過對於設備的指示或設定，才能有效地將資訊傳送到特定的人、機關或地點，但網際網路的傳輸則不限於此：一個在美國加州上傳誹謗言論的網路使用者，其誹謗言論透過網際網路的傳播，可以同時讓處於真實世界不同國家、不特定的網路使用者隨時接觸到誹謗言論資訊，而無須經由該製造誹謗網路的使用者特別的指示或設定，這是網際網路在資訊傳輸上最大的特色。

　　由於網際網路的資訊傳播是跨國界的，不受地理的限制，在極短的時間內就可以讓遍布全世界網路的使用者接觸到相關的資訊[10]。因此網際網路使用者在網路上傳播資訊的行為，與國家之間的地理連繫是非常輕微的，有時甚至難以判斷網路資訊傳播行為究竟與何特定國家間具有較為密切的連繫。

---

[10] Shawn A. Bone, Private Harms in the Cyber-World: The Conundrum of Choice of Law for Defamation Posted by Gutnick v. Dow Jones & Co., 62 Wash & Lee L. Rev. 279, at 291.

(二) 不可預測性 （unpredictable）

　　網際網路的資訊傳播具有不可預測性，這種不可預測性的表現主要在兩個方面，首先是誹謗言論來源的不可預測性。由於資訊自由流通，使得呈現在網際網路上的誹謗言論往往經過許多加工，而使得追查誹謗行為的來源要充滿更多的困難。雖然可以透過藉由電腦歷史稽核檔與ISP網站連線業者的註冊資料、連線紀錄，網路犯罪技術上追查到傳播者，但就實際傳播的內容究竟如何確認與誹謗言論連結，仍有一定的困難，特別是網路誹謗言論容易清除，但對於已接觸網路誹謗言論的第三者而言，已經對於被害人受不實言論攻擊留下印象，如何舉證網路誹謗確實存在，以及被告言論內容確係構成誹謗，均成問題[11]。

　　其次，是誹謗言論傳播對象的不可預測性。一般來說，如果傳播對象為特定的情況下，例如以電子郵件或是網路簡訊等方式傳播誹謗言論，資訊接受對象通常是特定的，在這種情形較為容易將誹謗言論與特定對象及其所在國家之法律產生連結。然而，一旦傳播的方式係以不特定的網路使用者作為對象，例如在電子布告欄（bbs）以及特定的網頁討論區中散播對特定人不實的誹謗言論，則將因網際網路的跨越地理性以及開放性之故，使得傳播的對象無法預測。特別是全世界的網路使用者都可以輕易地以搜尋平臺（例如Yahoo!、百度或Google）接觸到誹謗言論時，傳播對象究竟都是在哪些國家的哪些人，均無法完全確定。

---

[11] 相同的觀點，參考孫尚鴻，涉網誹謗案件管轄權的確定，中國國際私法與比較法年刊，第11卷，北京大學出版社，2008年，頁378-408，特別在頁380以下。

(三) 低成本與迅速重製性

由於具備數位化（digital）特徵，網路誹謗言論只要簡單的電腦軟體工具就可以進行編輯，並且在很短的時間內進行大量重製，將誹謗言論傳播到世界各地。這種經由數位化編輯的誹謗言論幾乎不需要任何成本，所使用的編輯工具，即使非試用版本，也與主權國家形式上無明顯的連繫。例如使用Word軟體所編輯的誹謗言論，雖然是由美國微軟（Microsoft）公司所開發，但這套軟體存在各式語言版本，發行地點可以是實體的賣場，也可以是不具有實體地理位置的「雲端」（cloud）。編輯工具的容易取得，編輯成本的大量降低，使得網路誹謗言論在製作過程中難以辨認其與各國法律間之連繫關係。加之以傳播迅速的特性：一項網路誹謗言論的散播，在概念上幾乎是同時間在全世界各地發生，當散播誹謗言論對象沒有經過選擇時，這種迅速傳播的特性往往使得法院難以判斷網路誹謗實際損害與何國家之法律間存在最密切的連繫。

參、網路誹謗之選法

在探討網路誹謗的選法問題上，首當考慮前述有關網路誹謗行為的特殊性，以檢驗選法的方式是否合理。以下本文將相關的法律適用方式，分為學理上的爭論與實務上的作法二部分，進一步分析之：

一、學理上的爭論

　　學理上對於網路誹謗言論應如何適用法律，除有認為網際網路言論不應受到國家主權制定之法律拘束，而應由獨立的網際網路規則予以規範（通常指的是網路使用者間合意適用之法律），即所謂「網際網路獨立說（The independent Internet approach）」之主張外[12]，尚有以下數種見解，可資參考：

(一) 網際網路地理性說

　　跨越地理限制本即為網際網路存在的功能與特性，惟究竟是否要將網際網路上所進行的行為與特定國家間進行連結，向來在學界即存在著爭議。肯定說者以「網際網路地理性說（The geographic Internet theory）」為代表，認為在網際網路的紛爭上，即使網際網路不存在「國家邊界（national boundaries）」，亦應當考慮國家主權在其中的作用。網際網路使用者的行為，可以認為是兩個以上在不同地理空間的人，彼此在一定的時間內進行交流的活動。網路誹謗行為雖然是在「虛擬的（virtual）」網際網路空間中進行，但無可否認這種行為將對於「實體的（physical）」世界會造成損害的效果。因此，使用者之一應該要受到他所在使用網際網路的地理空間之法律的管

---

[12] David R. Johnson & David Post, Law and Borders─The Rise of Law in Cyberspace, 48 Stan. L. Rev., 1367 (1996), at 1368. 從現實世界發展而言，此說過於理想化，因為迄今網際網路仍未有一個跨國性的普世規範可以處理類似的網際網路民事糾紛問題，並且在網路誹謗的問題上，如果將法律的適用取決於當事人間的合意準據法規範，將有可能混淆契約責任與侵權行為責任的界線：因為網路誹謗行為屬於侵權行為，關係著國家如何對於侵權行為受害者予以保障或介入的問題，與契約自由的原則有相當的差別。

轄[13]。易言之，各國的法律得管轄在其各自國家領域內的網際網路使用者，而國際私法的傳統規則，在網際網路爭議的一類案件中仍有適用的可能。

然而，網際網路地理性說最大的弱點，在於何以法院得對於跨連數國，甚至全世界的網路使用者均可以接觸到資訊的網路誹謗案件時，僅適用一個特定國家的法律作為案件之準據法？特別是當各國對於誹謗行為的不法性與構成要件均有歧異時，這種僅選擇某一特定國家法律作為案件準據法的適用法律方式即顯得不具充分的說服力，例如前揭的Yahoo!案即為一例。

在網際網路地理性說的前提下，又可細分為法院地國法（law of the forum, lex fori）說、散布地國法（the law of the place of distribution）說、以及原告名譽受損地國法（the place where the plaintiff's reputation suffered harm）說等，可資參考[14]。以下簡要說明之：

1. 法院地國法說

此說主張關於誹謗案件應當適用法院地法，作為案件之準據法。主要的理由在於誹謗案件多與法院地之言論自由保護政策相關，因此適用法院地法作為判斷誹謗案件之要件是否成立，以及損害賠償之範圍等，較為合理。支持此說者，例如英國1995年之國際私法法案第13(1)條將誹謗案件排除於適用侵權行為地法

---

[13] Jack L. Goldsmith, The Internet and the Abiding Significance of Territorial Sovereignty, 5 Ind. J. Global Legal Stud. 475 (1988), at 476.

[14] 此為作者自行分類，相關學說之前提仍為預設網路誹謗行為與特定地域具有連結關係，只是在細節上究竟應該側重於何種地理關係，相關學說各有不同意見。故在分類上仍認為屬於網際網路地理說之光譜範圍。

原則之外[15]，而英國法院也在大部分誹謗案件中選擇以英國法做爲案件之準據法[16]。

　　法院地法說的缺點在於法院可能對於被告做出過於嚴苛的判決，當網路誹謗在法院地造成原告的損害極爲輕微，法官適用法院地法評價被告的網路誹謗行爲，甚至予以懲罰時（例如在英美法院中常見的懲罰性賠償判決），更可以看出適用法院地法的不當。例如被告以非法院地國的語言，將誹謗言論上傳於被動式網頁，而該網頁在法院地國甚少人瀏覽，或原告在法院地國非知名人士時，均可看出法官如適用較外國法爲嚴格的法院地法，事實上係過份間接地限制了外國人民的言論自由範圍。並且，過於強調在網路誹謗案件中適用法院地法的結果，也可能會間接的鼓勵當事人進行選購法院，而提高了管轄詐欺（la fraude à la compétence）的可能[17]。

2. 散布地國法說

　　此說源於侵權行爲應依侵權行爲地法之概念而來，認爲被告誹謗言論之散布地（通常爲上傳地）爲網路誹謗言論行爲的作成地，因此其散布誹謗言論行爲應受散布地國法之管轄。採此說者爲早期英國法院之見解，其他如法國、比利時、盧森堡在羅馬二

---

[15] 原文爲：“Nothing in this Part applies to affect the determination of issues arising in any defamation claim.”

[16] Christopher J. Kunke,, supra note 8, p. 1737.

[17] 「選購法院」係原告就其案件衡量數個有國際管轄權法院後，選擇其中一對自己最有利之法院，作爲系爭案件管轄法院而進行訴訟者。「管轄詐欺」則是指選擇一個本來可能不具有國際管轄權的法院作爲案件之管轄法院，因此有濫用選擇法院權利的情形。一般而言，管轄詐欺爲惡意的選購法院，而選購法院未必相伴有管轄詐欺，須視個案情形而定。

號規則施行前，法院實務上亦採行修正的散布地國法說（增加須第三人得知該誹謗言論之要件）[18]。

實則在網路誹謗案件中，何謂誹謗言論散布地，有時不易確定。因為網際網路的誹謗言論一經行為人上傳至網路空間中，即處於所有網路使用者均可接觸之狀態，特別是在轉寄或轉貼網址的情形，散布者可能與上傳者並非同一人，進行散布行為時亦未必均身處於同一國之領域中，但其均進行了散布行為，此際究竟應該如何認定散布地國，實有相當之困難。

3. 原告名譽受損地國法說

此說認為，誹謗言論唯有在原告（被害人）名譽確實受損時才會確實發生，因此應以原告名譽受損地，亦即損害結果發生地，作為網路誹謗案件的準據法。在誹謗案件中，原告名譽受損地通常為誹謗言論散布地，但在網路誹謗案件中，原告名譽受損地卻未必即為誹謗言論散布地，行為人在外國透過網際網路散布誹謗言論，仍可造成在內國的原告在內國的名譽損害。不過一般來說，原告名譽受損地常會結合被害人慣居地法，而有將原告之慣居地推斷為名譽受損地之情形。這是因為原告之慣居地係其生活之中心，原告的名譽在其慣居地較有受到保護之必要，因此原告之慣居地法律適用於網路誹謗案件，相較於其他國家法律而言顯得更有關聯，並且也符合原告的合法期待，兼顧原告對於

---

[18] 參考歐盟議會及歐盟委員會關於非契約之債法律適用建議書（Proposal for the Regulation of the European Parliament and the Council on the Law Applicable to Non-Contractual Obligations ("Rome II")）,pp. 13-14, 4 COM (2003) 427 final (Nov. 11, 2004), 參考網站：http://eur-lex.europa.eu/legal-content/EN/TXT/PDF/?uri=CELEX:52003PC0427&from=EN，最後瀏覽日：2017年1月13日。

準據法一定程度之預測可能性。採此說者有歐洲法院（European Court of Justice, ECJ）的Shevill v. Presse Alliance案[19]，以及日本2007年法律適用通則法第19條等[20]。

　　以原告名譽受損地國法或是原告慣常居住地國法作爲選法之依據，固然有其道理，然而在原告爲國際名人時，究竟如何確定名譽受損國，以及如何確認原告的慣常居住地，將可能發生問題。特別是相關誹謗言論所造成的傷害可能是國際性的，似難以單一國家發生之名譽損害爲由而適用特定國家之法律，故此說亦有缺點。

(二) 資訊聚焦（focalization）地國法說

　　此說源於美國判例發展[21]。資訊聚焦概念的提出，主要用於解決傳統上法院以網址地點連結特定國家／州，以決定系爭案件管轄與準據法選擇的不合理現象[22]。該說基本的推論爲：如果吾

---

[19] Shevill v. Presse Alliance, 1995 E.C.R. I-415.

[20] 法律適用通則法第19條：「第十七条の規定にかかわらず、他人の名誉又は信用を毀損する不法行爲によって生ずる債権の成立及び効力は、被害者の常居所地法（被害者が法人その他の社団又は財団である場合にあっては、その主たる事業所の所在地の法）による。（關於由損害他人名譽或信用之侵權行爲而生之債，其成立及效力，醫被害人之慣常住所地法（被害人爲法人等其他社團或財團時，其主營業所所在地法），而不適用第17條之規定。）」嚴格說來，日本法律適用通則法並未區分是否通過網際網路作爲媒介侵害他人名譽或信用之情形，均統一以被害人慣常居所地法作爲準據法。相關翻譯及介紹，參考何佳芳，日本新國際私法之侵權行爲準據法：兼論我國涉外民事法律適用法及其修正草案之相關條文，法學新論，第2期，2008年9月，頁21-47。

[21] 在法國亦有學者提倡本說。例如O. Cachard, La régulation internationale du marché électronique, LGDJ, 2002.

[22] D. Bureau et H. Muir Watt, Droit international privé, Tome II, 2ᵉ éd., PUF, 2007, p. 435.

人認為在網路誹謗案件中，損害之存在是基於法院地國對於資訊的可使用性而來，則所有國家／州，包括網址所在地國家／州的法院，都將對系爭網路誹謗案件具有管轄權。在這種情形下，只要一個國家認為網路言論為不合法的誹謗，則該國的法律將會主動介入禁止或處罰這樣的言論，而如此選法的結果，將造成資訊化社會（information society）蓬勃發展的阻礙[23]。因此美國法院提出資訊聚焦的概念，認為網路誹謗的案件不應僅取決於訴訟繫屬法院地國之法律，尚須符合正當程序原則（due process），亦即被告對於系爭網路言論有可預見將在法院地國進行訴訟之可能。

在資訊聚焦地國法說的推論下，網路誹謗案之被告與法院地國之關聯顯得相對重要。一般而言，此說要求檢驗被告的網路言論，是否其傳播的最終目的係在法院地國。如果法院地國僅是被告散播網路言論中的其中一個地點（即所謂商業流stream of commerce概念），則不足以認定系爭案件應由法院地國法院管轄，亦不足以作為支持法官就系爭案件適用法院地國法之理由。

此外，在認定網路誹謗案之被告與法院地國之關聯上，或有主張應將網頁分為主動式網頁、被動式網頁與互動式網頁，而分別認定被告之網路言論目的與法院地國之間的關聯性者[24]；其他

---

[23] 資訊化社會，亦有翻譯為「信息社會」。

[24] 例如在Gutnick v. Dow Jones & Co.案中，澳州維多利亞最高法院即認為被告Dow Jones & Co.所製作的網頁為被動式網頁，也就是僅將網頁資訊存放在位於美國New Jersey的伺服器中，必須等到在法院地國的使用者點閱後，損害才會發生。因此原告必須證明法院地國已有網路使用者知悉系爭誹謗言論，始能推知法院對本案具有國際管轄權，並適用法院地法作為準據法。Gunick v. Dow Jones

亦有主張以網頁語言作為判斷被告與特定國家之間的連繫者，例如在前述的Yahoo!案中，系爭網頁使用法文以及法文商標，即被認為其言論散播之目標為法國以及法國人民，而使得法國法院因此取得國際管轄權，並得以適用法國法作為系爭案件之準據法。

(三) 彈性選法規則說

　　此說源於美國涉外侵權行為選法新理論，與一般硬性的衝突法則不同，彈性選法規則主要著眼於給予法官在選法上的裁量權，放棄以立法者預設的單一連繫因素方式盲目地選擇適用之準據法，而另或以利益衡量（interest analysis）之方式，或以分析案件事實判斷何國法律與系爭案件具有最重要牽連（the most significant relationship），或以較佳法則（better law theory）方式、損害比較（the comparative impairment approach）方式等，選擇出系爭案件之準據法[25]。臺灣新涉民法即採行此一見解，於第28條規定：「侵權行為係經由出版、廣播、電視、電腦網路或其他傳播方法為之者，其所生之債，依下列各款中與其關係最切之法律：一、行為地法；行為地不明者，行為人之住所地法。二、行為人得預見損害發生地者，其損害發生地法。三、被害人之人格權被侵害者，其本國法（第1項）。前項侵權行為之行為人，係以出版、廣播、電視、電腦網路或其他傳播方法為營業者，依其營業地法（第2項）。」

& Co., [2001] V.S.C. 305, p.21.

[25] 參考陳隆修，美國國際私法新理論，五南圖書，1987年，頁47-101；陳隆修、許兆慶、林恩瑋合著，同註3，頁29-64。

　　上開條文的適用方式，根據立法理由，第1項規定略為：「侵權行為係經由出版、廣播、電視、電腦網路或其他傳播方法實施者，其損害之範圍較廣，而行為地與損害發生地之認定亦較困難。為保護被害人並兼顧有關侵權行為之基本原則。爰參考瑞士國際私法第139條規定之精神，規定被害人得依與其關係最切之下列法律，而主張其權利：一、行為地法，行為地不明者，作為行為人私法生活重心之住所地法；二、行為人得預見損害發生地者，其損害發生地法；三、人格權被侵害者，為被害人人格權應適用之法律，即其本國法。**法院認定某法律是否為關係最切之法律時，應斟酌包括被害人之意願及損害填補之程度等在內之所有主觀及客觀之因素，再綜合比較評定之。**」依照臺灣國際私法學者意見，條文中所列之準據法有三，即侵權行為地法、損害發生地法及被害人之本國法。惟此三個法律間之適用關係，並非累積適用，並行適用或選擇適用，而是提供法院作為比較案件事實後之選法參考[26]。易言之，法院至多僅比較上開三種法律間之密切關係，而無須再參考其他之案件事實。

　　至上開條文第2項之規定，立法理由認為：「侵權行為之行為人，係以出版、廣播、電視、電腦網路或其他傳播方法為營業者，即**公共傳播媒介業者本身為侵權行為之行為人時，該侵權行為與其營業行為密不可分，有依同一法律決定該行為之合法性及損害賠償等問題之必要。**爰規定應依其營業地法，以兼顧公共傳播媒介之社會責任原則。」學者並進一步認為，如行為人有多

---

[26] 劉鐵錚、陳榮傳，國際私法論，修訂5版，三民書局，2010年，頁634-635。另參考馬漢寶，國際私法：總論、各論，第3版，自刊，2014年，頁315-316。

數營業據點，則應以與系爭行爲關係最切之營業地之法律，爲此處之營業地法[27]。

　　雖然新涉民法已經意識到，以電腦網路傳播方法進行的侵權行爲與一般侵權行爲的型態不同，無論是損害的範圍或是侵權行爲地的認定，都可能無法以傳統的侵權行爲地法對此類型案件進行規範，而改採彈性選法規則，就實際的個案所涉及的相關事實，援用關係最切之法律作爲系爭案件之準據法。然而，這種新的法律適用方式，在涉及到網際網路侵權行爲存在於大陸地區人民與臺灣地區人民之間的案例時，卻是無用武之地[28]。主要的問題來自於兩岸人民關係條例第50條並未隨同本次新涉民法的制定而修正。

　　依據兩岸人民關係條例第50條規定，「侵權行爲依損害發生地之規定。但臺灣地區之法律不認其爲侵權行爲者，不適用之。」兩岸人民關係條例對於發生在兩岸人民間的誹謗行爲，並未區分所使用的傳播方式，亦未採用新涉民法所設計的「關係最切」原則，而是仍依傳統的「雙重可訴原則」進行法律選擇。如此是否能夠妥善處理兩岸人民間經由網際網路傳播方法進行的侵權行爲案件，實不無疑問。例如在兩岸網路誹謗案件中，所謂損害發生地究竟是在臺灣地區，還是大陸地區，實難以鑑別，這

---

[27] 劉鐵錚、陳榮傳，同註26，頁636。

[28] 如果是香港澳門地區人民，因爲有港澳條例第38條規定：「民事事件，涉及香港或澳門者，類推適用涉外民事法律適用法。」故如果港澳地區人民與臺灣地區人民間因利用網際網路進行誹謗言論傳播之侵權行爲，似仍應適用新涉民法第28條之規定。易言之，港澳地區人民與臺灣地區人民間之網路誹謗民事案件，其適用法律之方式與一般涉外侵權行爲事件無異。

也增加了法律適用上的困難[29]。

二、實務上的作法

　　直至目前為止，最高法院尚未就網路誹謗的法律適用表達明確的意見。而整理臺灣司法實務判決，關於具有涉外性的網路誹謗案件，一般可以分為二種不同類型：

(一) 誹謗言論傳播於特定對象型

　　這種類型多以電子郵件的方式，進行誹謗言論的散播，由於傳播言論的對象特定，較容易確定損害的發生地，故於舊涉民法時期多適用侵權行為地法作為案件之準據法。例如臺灣高等法院92年度上字第698號民事判決：「上訴人主張被上訴人於德國寄發內容非事實之電子郵件予留德臺灣學生，侵害其名譽並因而受有財產上之損害，依侵權行為法則請求被上訴人賠償損害。是本件有涉外因素，依涉外民事法律適用法第九條「關於由侵權行為而生之債，依侵權行為地法」規定，本件準據法應為侵權行為地法。查本件被上訴人係在德國發送電子郵件予其認識在德國的留學生，此為上訴人所不爭執，是被上訴人發電子郵件之行為地，與其意欲達到之結果發生地均在德國。上訴人亦未舉出被上訴人將系爭件電子郵件傳送予在臺灣之人，依前開規定，本件應

---

[29] 雖然兩岸人民關係條例第45條規定：「民事法律關係之行為地或事實發生地跨連臺灣地區與大陸地區者，以臺灣地區為行為地或事實發生地。」惟第50條規定係「損害發生地」而非「侵權行為地」，故當網路誹謗言論同時在大陸地區與臺灣地區造成損害時，依文義解釋，似無從認為可適用第45條規定，將損害發生地定為臺灣地區。

適用德國法律。」即為一例。

　　最高法院56年台抗字第369號判例就所謂侵權行為地，採取「凡為一部實行行為或一部行為結果發生地均屬之」之見解，事實上擴張了臺灣法律（法院地法）的適用範圍。在新涉民法施行後，此一類型案件的法律適用則顯得分歧。有主張應適用新涉民法第25條者，例如臺灣高等法院103年度上字第21號民事判決，認為：「關於由侵權行為而生之債，依侵權行為地法。但另有關係最切之法律者，依該法律，涉外民事法律適用法第25條定有明文。又所謂行為地，凡為一部實行行為或一部行為結果發生地均屬之（最高法院56年台抗字第369號判例參照）。**查上訴人主張在其居住地之我國可見該妨害名譽之報導，自不失為一部實行行為及一部行為結果發生地，揆諸前揭說明，應以我國法律為準據法，且兩造對此復未為爭執，本院自應據此為審理[30]。**」亦有認為應適用新涉民法第28條者。例如在臺灣高等法院102年度上字第825號民事判決中，原告主張被告於其回臺後發電子郵件聲稱原告積欠鉅款未付，甚且向其他賭場通報伊有積欠鉅額賭債未償之情。然原告債信向來良好，被告聲稱伊積欠鉅額賭債未償並非事實，被告在美國用電子郵件通知其他美國賭場，上訴人

---

[30] 此外，臺灣高等法院103年度上字第72號民事判決亦採相同見解，認為：「本件上訴人主張被上訴人於101年9月28日（實際寄送日為101年9月24日）寄發實體郵件及101年10月30日、101年11月14日、101年11月17日寄發電子郵件予上訴人任職之美國密蘇里大學聖路易分校校長等人，侵害上訴人之名譽權及隱私權，請求侵權行為損害賠償，核屬由侵權行為而生之債，且本件被上訴人係在我國寄發上開實體郵件及電子郵件至被上訴人任職之美國密蘇里大學聖路易分校，被上訴人之侵權行為地在我國，依涉外民事法律適用法第25條本文之規定，本件之準據法應適用侵權行為地法即我國法」，而未援用同法第28條之規定。

積欠賭債未還，有侵害原告名譽情事，因此向被告主張損害賠償，並要求被告刊登道歉啓事回復其名譽。臺灣高等法院判決認為：「現行涉外民事法律適用法第25條規定：「關於由侵權行為而生之債，依侵權行為地法。但另有關係最切之法律者，依該法律。」第28條第1項第3款規定：「侵權行為係經由出版、廣播、電視、電腦網路或其他傳播方法為之者，其所生之債，依下列各款中與其關係最切之法律：……三被害人之人格權被侵害者，其本國法。」本件依上訴人所主張之下述各項侵權行為及其在臺灣受有損害之事實，本件關係最切之法律應為我國法，自應以我國法為本件準據法。」

(二) 誹謗言論傳播於不特定對象型

　　臺灣高等法院對於這類型的案件，在法律的適用上均援引新涉民法第28條，但對於第28條如何認定關係最切之法律，或是如何認為應適用法院地法作為案件準據法，理由均不甚明確。例如臺灣高等法院101年度上字第115號民事判決，判決書在引用新涉民法第28條規定內容後，僅以「上訴人係主張被上訴人架設之網站上網頁資料侵害其權利，依上開規定，自應適用中華民國法律，兩造亦不爭執本件之準據法為我國法律」等語說明案件應適用的法律為法院地法。即在臺灣高等法院102年度上字第981號民事判決中，對於香港商壹傳媒出版有限公司之傳播網路誹謗言論行為，也僅以「上訴人係主張被上訴人出版之壹週刊侵害其權利，依上開規定，自應適用中華民國法律」輕輕帶過，不但沒有討論「關係最切之法律」之實際判斷標準內容，亦無適用涉民法第28條第2項規定，認為侵權行為之行為人（即香港商壹

傳媒出版有限公司），係以出版、廣播、電視、電腦網路或其他傳播方法爲營業者，依其營業地法，即香港法律，作爲案件之準據法。

　　大體來說，臺灣司法實務就網路誹謗的法律適用問題上，仍偏向於適用法院地法作爲此類型案件之準據法，而似對新涉民法所揭櫫的彈性選法規則「關係最切之法律」在運用上不甚熟悉，許多法律適用之推論尙有補充說明之空間。特別是對於新涉民法第28條第2項的適用，更是少見，甚至還有僅適用新涉民法第25條，對第28條規定恝置不論者。對此在網路誹謗案件法律適用上之混亂情形，實値吾人檢討與注意。

肆、結　論

　　綜上而論，本文簡短總結如下：

一、涉外誹謗行爲存在言論自由保障和個人名譽權保護間的拉鋸關係，誹謗行爲事實上取決於各國法律對於言論自由在立法與司法政策上的保障程度，從法律衝突的類型而言，涉外誹謗的法律適用，屬於法律「眞衝突（true conflict）」的問題。因此，法院地國的法律對於此類案件干涉的程度，顯然要高於其他的涉外侵權案件，而最後法院往往會選擇法院地法作爲這類型案件之準據法。

二、網路誹謗行爲具有非地理性、不可預測性及低成本與迅速重製性等特質，往往使得法院難以判斷網路誹謗實際損害與何國家之法律間存在最密切的連繫。學理上對於網路誹謗言論

應如何適用法律，除有認爲網際網路言論不應受到國家主權制定之法律拘束，而應由獨立的網際網路規則予以規範（通常指的是網路使用者間合意適用之法律），即所謂「網際網路獨立說」之主張外，尚有網際網路地理性說、資訊聚焦地國法說與彈性選法規則說等。

三、臺灣新涉民法採用彈性選法規則說，主要規定爲第28條。不過在司法實務上，則視不同的網路誹謗案件類型，而適用不同的法律。一般而言，臺灣司法實務就網路誹謗的法律適用問題上，仍偏向於適用法院地法作爲此類型案件之準據法，而似對關係最切之法律的方法運用不甚熟悉。此外，兩岸人民關係條例第50條並未隨同本次新涉民法的制定而修正，因此臺灣法院在面對兩岸人民間經由網際網路傳播方法進行的侵權行爲案件時，仍應回到兩岸人民關係條例第50條規定，適用損害發生地法作爲系爭案件之準據法，惟在網路誹謗案件中，究竟何地得被認爲係損害發生地，似仍有疑義。較爲合理的法律適用方式，是回歸兩岸人民關係條例第41條規定，就此一問題適用臺灣涉外民事法律適用法第28條規定（非直接適用法院地法，即臺灣民法之相關規定），以解決其法律適用問題[31]。

---

[31] 設想一個例子：大陸居民某甲在北京發表一則網路言論，指稱臺灣居民某乙爲臺獨份子，應抵制乙在大陸地區之一切商業活動。在大陸地區，指稱某人爲臺獨份子，法律上可認定係屬侵害名譽權之行爲，但在臺灣地區，這種言論卻受憲法之保障，並無侵害名譽權的問題。則本案如果臺灣法官直接適用臺灣民事法律進行判決，乙將無法請求賠償，但如臺灣法官適用涉民法第28條規定，在將大陸地區認爲係關係最切之地之情形下，乙即有請求甲損害賠償之可能。

參考文獻

一、中文部分

Jeremy Rifkin原著，張體偉、孫豫寧譯，第三次工業革命，經濟新潮社，2013年。

何佳芳，日本新國際私法之侵權行為準據法：兼論我國涉外民事法律勢用法及其修正草案之相關條文，法學新論，第2期，2008年9月。

林山田，刑法各罪論，自刊，2006年。

孫尚鴻，涉網誹謗案件管轄權的確定，中國國際私法與比較法年刊，第11卷，2008年，北京大學出版社。

馬漢寶，國際私法：總論、各論，第3版，自刊，2014年。

陳隆修，美國國際私法新理論，五南圖書，1987年。

陳隆修、許兆慶、林恩瑋共著，國際私法：選法理論之回顧與展望，翰蘆，2007年。

劉鐵錚、陳榮傳，國際私法論，修訂5版，三民書局，2010年。

二、外文部分

Christopher J. Kunke, Rome II and Defamation: Will the Tail Wag the Dog?, 19 Emory Int'l L. Rev. 1733 (2005), at 1746.

D. A. Laprès, L'exorbitanate affaire Yahoo, JDI, 2002, pp. 975-999.

D. Bureau et H. Muir Watt, Droit international privé, Tome II, 2e éd., PUF, 2007, p. 435.

David R. Johnson & David Post, Law and Borders—The Rise of Law in Cyberspace, 48 Stan. L. Rev., 1367 (1996). Jack L. Goldsmith, The Internet and the Abiding Significance of Territorial Sovereignty, 5 Ind. J. Global Legal Stud. 475 (1988), at 476.

Douglas W. Vick and Linda Macpherson, Anglicizing Defamation Law in the European Union, 36 Va. J. Int'l L. 933 (1996), at 944.

Douglas W. Vick and Linda Macpherson, supra note 4, p. 934.

O. Cachard, La régulation internationale du marché électronique, LGDJ, 2002.

Shawn A. Bone, Private Harms in the Cyber-World: The Conundrum of Choice of Law for Defamation Posted by Gutnick v. Dow Jones & Co., 62 Wash & Lee L. Rev. 279, at 291.

|第四章|
新修正涉外民事法律適用法
第20條的幾點疑義

壹、前　言

　　對臺灣的國際私法學界來說，2011年正式施行的修正涉外民事法律適用法（以下簡稱「新涉民法」）是一個極為重要的里程碑。新涉民法不但在法條上擴充了規定，對於法律關係採取了更細緻的分類方式[1]，並且參考國際公約的立法方式，兼容並蓄傳統的「薩維尼式」（méthode savignienne）的連繫因素選法理論與彈性選法理論[2]，力求配合時代趨勢，更加周延地處理日趨複雜的現代涉外民事問題。

　　在涉外契約方面，新涉民法第20條針對涉外契約所應適用的法律，採取「當事人意思自主原則（Doctrine of Autonomy

---

[1] 例如涉外民事法律適用法舊法第7條原僅規定：「債權之讓與對於第三人之效力，依原債權之成立及效力所適用之法律。」，新涉民法則將債之移轉法律關係更加細緻化，於第32、33、34條分別規定了意定的涉外債權讓與、意定的涉外債務承擔與法定的債之移轉等法律關係之法律適用方式，即為一例。另參考王志文，涉外債之關係法律適用規範之修正，月旦法學雜誌，第158期，2008年7月，頁5-24。

[2] 例如在新涉民法第5條、17條、18條、20條、25條、28條、43條、44條、45條、47條、48條及50條等，規定以「關係最切之法」取代傳統之連繫因素。

of the Parties）」與「最重要牽連理論（The Most Significant Relationship，新涉民法用語為「關係最切」）」併行的立法模式。其中，在判斷何謂「關係最切」之法律問題上，在同條第3項又引用了「特徵性履行（Characteristic Performance）」理論作為輔助的選法規則。根據修正草案總說明，新涉民法第20條第3項之立法係「為具體落實關係最切原則，並減少第2項適用上之疑義，本條第3項參考1980年歐洲共同體契約之債準據法公約（即羅馬公約）第4條之精神，規定法律行為所生之債務中有足為該法律行為之特徵者，負擔該債務之當事人行為時之住所地法，推定為關係最切之法律，就不動產所為之法律行為，亦推定該不動產之所在地法，為關係最切之法律。」是以主要的立法參考模式，應為1980年由歐洲經濟共同體（European Community）通過之歐洲共同體契約之債準據法公約（EC Convention on the Law Applicable to Contractual Obligations，以下簡稱「1980年羅馬公約」）[3]。

問題在於，1980年羅馬公約關於特徵性履行的相關規範，似與新涉民法第20條之規定內容有所出入。何以特徵性履行理論得以作為關係最切之推定？其間之邏輯性亦值得推敲；而引用特徵性履行概念以操作彈性的「關係最切」選法原則，是否適當？實不無疑問。此外，在新涉民法正式施行後，司法實務

---

[3] 1980年羅馬公約嗣於2008年6月17日，由歐盟通過2008年6月17日歐洲議會歐洲共同理事會關於契約之債法律適用規則（Regulation (EC) No 593/2008 of the European Parliament and of the Council of 17 June 2008 on the Law Applicable to Contractual Obligations），基本上大致沿用1980年羅馬公約內容，而略加以修改，學界慣稱為「羅馬一號規則」，本文以下亦簡稱之。

究竟如何操作新涉民法第20條之規定？在此一操作下，是否能夠達成當初修正立法之目的，而別無其他罣礙，亦值研究。因此本文之目的，即在於釐清與回應上開問題。以下將分別就特徵性履行理論本身概念與內涵（標題貳以下），以及臺灣法院如何在當事人未有明示選法時操作此一理論（標題參以下），依序說明之。

貳、「特徵性履行」的概念

關於特徵性履行理論本身之概念與內涵，在論述邏輯上須先探究何謂特徵性履行理論，進行說明（標題一以下），而後再就此一概念之優劣進行進一步的評析（標題二以下）。

一、概念的提出

特徵性履行理論又稱「特徵性債務原則（the Doctrine of Characteristic Obligation）」[4]，起源於瑞士[5]，主要用於解決涉外民事契約案件中，契約當事人如欠缺明示的選擇契約準據法之意思存在時，法官可透過契約履行方式上的特徵，作為判斷契約準據法的選擇標準。但有趣的是，特徵性履行理論在準據法的

---

[4]　劉仁山主編，國際私法，中國法制出版社，2010年，頁212以下參照。

[5]　這幾乎是國際私法學界一致的見解，只是對於到底是誰首先提出特徵性履行理論的構想，或有不同之意見。參考Trevor C. Hartley, European Contracts Convention: the Rome Convention on the choice of law for contracts, E.L. Rev. 1992, 17(3), pp. 292-293.

選擇基礎上，並不是將契約履行與履行地國法律進行連結，而是以負擔契約履行義務之債務人慣居地（habitual residence）或營業地作為準據法選擇的對象[6]。這一方面標誌出特徵性履行理論與傳統的「場所支配行為」法則的不同之處，另一方面顯示了特徵性履行理論事實上係以屬人法則（債務人慣居地或營業地）作為當事人意思自主的補充性原則；換句話說，這個理論是在涉外民事契約當事人準據法選擇不明的前提下，為選出適當的契約準據法，所創造的一種客觀的、中立的、假設性的選法規則。

在涉外民事契約案件選法問題上，「當事人意思自主」已經成為大多數國家在理論與實證上所共同接受的原則。惟在當事人選法意思不明時，傳統上則有主觀主義與客觀主義之爭[7]。特徵性履行理論的提出，跳脫了原來對於當事人意思存在的預設，可謂為客觀主義的代表。只是何謂契約履行行為上的特徵，因為涉外契約的種類千奇百種，很難以一個統一性的原則進行普遍性的操作。部分法國學者則認為，採取特徵性履行理論的理由，主要是因為認為契約債務履行上的特徵構成契約社會與經濟功能的重心，而以負擔契約履行特徵之債務人慣居地／營業地（特別當事人為法人，所進行契約締結行為屬商業交易時）法作為選法的標準，主要的考慮是認為「負擔契約履行特徵之債務人慣居地／

---

[6] 這涉及到特徵性履行理論早期Adolf F. Schnitzer教授在解釋解決契約之債的本質，不應該遵循Savigny所主張的履行地法說，而應該採取債務地法說的概念。債務地作為特徵性履行的核心概念，係指賦予契約履行義務之地，因此往往與特徵性履行之債務人活動之據點相關。參考吳光平，國際私法上的特徵性履行理論，法學叢刊，第49卷第4期，2004年10月，頁1-33。

[7] 林恩瑋，當事人意思自主原則下關於意思欠缺之研究，法學叢刊，第49卷第3期，2004年7月，頁67-81。

營業地」往往也是債務人交易行為的中心地，以之作為契約之準據法，對於契約當事人來說較為穩定，並且相較於其他的標準而言，要來的容易預測與掌握，在一般的情況下是合理的[8]。不過，有鑑於各種契約的履行特徵不一，立法上仍有必要就部分契約的履行特徵予以分類，以分別情形適用不同之準據法；甚至亦有學者主張，基於契約平等原則，應將特定契約排除於特徵性履行理論適用之範圍者[9]。

　　1980年羅馬公約應為首次在契約之債的準據法之法律適用問題上，採用將當事人意思自主原則、特徵性履行理論以及最重要牽連原則三者治於一爐的綜合性立法型態之國際公約[10]。其中第4條第1項規定，於契約準據法之選擇不符第3條規定時（即當

---

[8] P. Mayer et V. Heuzé, Droit international privé, Montchrestien, 10 éd., Paris, 2010, p. 560. 對此，宋曉教授生動的形容：「公約的場所化方法頗合我國的一句古語：『逃得了和尚逃不了廟』，此處的『廟』可比作特徵性履行方的屬人連結點，而『和尚』可比作不易確定的、隨處變動的履行地。」參考宋曉，特徵履行理論：舉廢之間，中國國際私法與比較法年刊，第11卷，2008年，頁159-183。

[9] 例如勞動契約或消費契約，吳光平教授認為特徵性履行理論「所具有偏向強勢者之傾向，致使契約一方當事人弱勢之契約類型適用『特徵性履行理論』之結果，所適用者為強勢者之營業地法或慣常居所地法，不利於弱者之保護。」請參照吳光平，法律行為之特徵性債務與關係最切之法律：臺灣臺北地方法院102年度勞訴字第55號判決評析，月旦法學雜誌，第235期，2014年12月，頁257-270。

[10] 法國有學者將此種立法方式，稱之為「二元論」式的立法。在二元論的模式下，一方面法官承認當事人意思自主原則的存在，認為當事人得以明示選擇契約的準據法，另一方面在當事人意思不明時，求助於客觀連繫因素的規則，按照立法所指定的連繫因素，從中機械性地選擇契約的準據法。參考林恩瑋，同註7。亦有稱之為rule-plus-exception方法論者，參考陳隆修，中國思想下的全球化選法規則，五南圖書，2012年，頁115以下。

事人無明示選擇準據法時）¹¹，契約應受與其最有牽連國家之法律規範。惟若契約之一部為可分，且該部分顯示與他國有最重要牽連時，其應例外就該部分適用該他國之法¹²。同條第2項規定，除本條第5項規定情形外（即採用最密切連繫原則選法之情形）契約應被推定與從事契約之特徵性履行之該當事人於締結契約時之慣常居所地國，或於法人或非法人團體之場合，以其營業中心地國，具最密切連繫；若契約係一造當事人於貿易業務或職業過程中締結者，則該國家應為其主營業地國，或依契約條款必須在主營業地以外之營業地履行者，該國應為該造當事人之其他營業地國¹³。

在1980年羅馬公約之後的羅馬一號規則，雖然修正了部分規定，惟在涉外契約案件當事人明示選法意思不明時，仍

---

¹¹ 括弧內用語為作者自加。

¹² 英文版本為：「To the extent that the law applicable to the contract has not been chosen in accordance with Article 3 , the contract shall be governed by the law of the country with which it is most closely connected. Nevertheless, a severable part of the contract which has a closer connection with another country may by way of exception be governed by the law of that other country.」

¹³ 英文原文為「Subject to the provisions of paragraph 5 of this Article, it shall be presumed that the contract is most closely connected with the country where the party who is to effect the performance which is characteristic of the contract has, at the time of conclusion of the contract, his habitual residence, or, in the case of a body corporate or unincorporate, its central administration. However, if the contract is entered into in the course of that party's trade or profession, that country shall be the country in which the principal place of business is situated or, where under the terms of the contract the performance is to be effected through a place of business other than the principal place of business, the country in which that other place of business is situated.」

與1980年羅馬公約採取同樣的體例[14]，亦即**以特徵性履行理論為主，最重要牽連理論**或稱「鄰近原則」（Le principe de proximité））**為輔**，於規則第4條第1項中並就不同類型的契約為進一步的選法規定：

1. 買賣貨物契約依賣方慣居地國法。

2. 勞務契約依提供勞務者之慣居地國法。

3. 以不動產為標的之契約或是不動產租賃契約，依不動產所在地國法。

4. 不動產租賃契約最長期限持續逾六個月者，於房客係自然人並與所有人於相同國家有慣居所時，依其所有人慣居地國法。

5. 特許經營契約依加盟商慣居地國法。

6. 經銷契約依銷售方慣居地國法。

7. 以拍賣所為之貨物買賣契約，如果拍賣地可確定時，依拍賣地國法。

8. 如2004/39/EC指令第17點第4條第1項所定義，契約係由多邊系統所締結，以保障或便於多數第三方以金融工具買賣獲利者，於符合非裁量規則與以單一法律為案件準據法時，依該法律管轄[15]。

---

[14] Ulrich Magnus, Article 4 Rome I Regulation: The Applicable Law in the Absence of Choice, in Rome I Regulation. The Law Applicable to Contractual Obligations in Europe 1 (Franco Ferrari and Stefan Leible eds., 2009), 27-50.

[15] 英文原文為「To the extent that the law applicable to the contract has not been chosen in accordance with Article 3 and without prejudice to Articles 5 to 8, the law governing the contract shall be determined as follows:

(a) a contract for the sale of goods shall be governed by the law of the country where

　　同樣的立法類型中也可以在一些新近的國內立法中發現。例如瑞士1989年國際私法第117條即規定：

1. 合意選法欠缺時，契約由關係最密切國之法律所規範。

2. 上開關係最密切者，係指爲履行行爲，且其履行行爲爲契約之特徵之一方當事人，於一國有**習慣居所**者；如契約於一方當事人之**商業行爲或職業行爲**過程中締結，則爲其**營業地國**。

3. 下列履行行爲由應認爲契約之特徵：

　　(a) 於讓與契約，讓與人之給付；

---

　　the seller has his habitual residence;

(b) a contract for the provision of services shall be governed by the law of the country where the service provider has his habitual residence;

(c) a contract relating to a right in rem in immovable property or to a tenancy of immovable property shall be governed by the law of the country where the property is situated;

(d) notwithstanding point (c), a tenancy of immovable property concluded for temporary private use for a period of no more than six consecutive months shall be governed by the law of the country where the landlord has his habitual residence, provided that the tenant is a natural person and has his habitual residence in the same country;

(e) a franchise contract shall be governed by the law of the country where the franchisee has his habitual residence;

(f) a distribution contract shall be governed by the law of the country where the distributor has his habitual residence;

(g) a contract for the sale of goods by auction shall be governed by the law of the country where the auction takes place, if such a place can be determined;

(h) a contract concluded within a multilateral system which brings together or facilitates the bringing together of multiple third-party buying and selling interests in financial instruments, as defined by Article 4(1), point (17) of Directive 2004/39/EC, in accordance with non-discretionary rules and governed by a single law, shall be governed by that law.」

(b) 爲物或權利使用而訂之契約，應授予使用之當事人所爲之履行行爲；

(c) 於委任契約、承攬契約、其他提供勞務之契約，勞務之提供；

(d) 於寄託契約，受託人之履行行爲；

(e) 於擔保或保證契約，擔保人或保證人之履行行爲[16]。

　　觀察歐陸的立法發展，在採用特徵性履行理論時，其選擇法律適用之標準，通常會結合負擔契約履行特徵之契約當事人之慣居地或營業地作爲選法之基礎。此一觀點建立於負擔契約履行特徵之契約當事人之慣居地（非商業交易時）或營業地（商業交易時）往往是契約社會與經濟的中心所在的假設上[17]。除非當事人可以證明上有其他的國家較慣居地國與契約之內容有更密切連

---

[16] 中文部分翻譯局部參考：劉鐵錚等著，《瑞士新國際私法之研究》，三民書局，1991年，頁144以下，法文官方版本略爲：

b. A défaut d'élection de droit

1 A défaut d'élection de droit, le contrat est régi par le droit de l'Etat avec lequel il présente les liens les plus étroits.

2 Ces liens sont réputés exister avec l'Etat dans lequel la partie qui doit fournir la prestation caractéristique a sa résidence habituelle ou, si le contrat est conclu dans l'exercice d'une activité professionnelle ou commerciale, son établissement.

3 Par prestation caractéristique, on entend notamment:

a. la prestation de l'aliénateur, dans les contrats d'aliénation;

b. la prestation de la partie qui confère l'usage, dans les contrats portant sur l'usage d'une chose ou d'un droit;

c. la prestation de service dans le mandat, le contrat d'entreprise et d'autres contrats de prestation de service;

d. la prestation du dépositaire, dans le contrat de dépôt;

e. la prestation du garant ou de la caution, dans les contrats de garantie ou de cautionnement.

[17] D. Bureau et H. Muir Watt, Droit international privé, 2éd., 2010, PUF, p. 308.

繫，可以「例外」推翻這種慣居地國的推定，否則原則上就是推定以負擔契約履行特徵當事人之慣居地國法，作爲當事人未明示合意選擇準據法時的準據法。

　　新涉民法第20條第3項雖然規定「法律行爲所生之債務中有足爲該法律行爲之特徵者，負擔該債務之當事人行爲時之住所地法，推定爲關係最切之法律。但就不動產所爲之法律行爲，其所在地法推定爲關係最切之法律。」看似與援用特徵性履行理論之1980年羅馬公約規定內容相互一致，實際上細節處尚有不同。首先是新涉民法並未使用「慣居地」之概念，而是以「住所」替代之[18]。這使得新涉民法的規定與特徵性履行理論產生落差，並破壞了原先基於**「負擔契約履行特徵當事人之營業地或慣居地為契約社會與經濟的中心所在」**的這項假設。因為在現代社會中，由於交通運輸技術的發達，以及全球貿易自由化的蓬勃發展，一方當事人之住所地未必即爲當事人進行契約行爲之中心地，個人在其住所以外之地進行非商業交易之契約行爲者比比皆是。相對地，當契約係由商業行爲締結時，主要與之連結的，通常亦非契約當事人之住所地國，而係其經營事業交易中心之營業地國。因此新涉民法第20條第3項不區分契約交易的背景，如果一律以負擔契約特徵債務之債務人住所地法推定爲關係最切之

---

[18] 新涉民法未採取慣居地之概念，是比較可惜的一點。事實上，對於何謂慣居地，目前國際公約上似乎仍無統一的定義。陳隆修，比較國際私法，五南圖書，1989年，頁91。不過一般而言，國際私法學者多認爲慣居地與住所的概念還是有所差別的，主要在於慣居地不需要主觀的要素（久住之意思），而僅以外觀上居住的事實，判斷是否具有「慣常的」與「實際的」居住因素爲已足。林益山，慣居地在國際私法上之適用，臺灣本土法學，第28期，2001年11月，頁98-101。

法，可能是會有問題的。

　　其次，新涉民法並未進一步列舉各種契約的履行特徵，僅概括地就契約履行特徵作為關係最切之推定進行規範，並且在此處所謂「負擔該債務之當事人」似僅指自然人（文字上用語僅有「住所地」一詞），對於法人或非法人團體為履行特徵之債務人，或是契約債務所涉及為商業交易之情形，新涉民法亦未如1980年羅馬公約規範，有以該「負擔該債務之當事人」之營業地國法作為準據法之明文規定[19]，同樣也可能造成實務操作上的困難，徒增法律適用上的困擾。

二、概念的優劣

　　在新涉民法研修之初，涉外民事法律適用法研究修正委員會之王志文、林秀雄二位委員即在第26次會議中表示應對特徵性履行理論之重要性重新檢視，最終於第27次會議中凝聚共識，提出了新涉民法第20條第3項的版本。採用特徵性履行理論的主要理由，在於支持者認為此項法則所具有的穩定性與可預期性，適可彌補關係最密切法則的不確定性，因此援以為新涉民法第20條第2項之輔助原則。此從新涉民法於修正草案總說明中表示，第20條第3項採用特徵性履行理論主要係「為具體落實關

---

[19] 無獨有偶地，中國大陸「涉外民事法律關係適用法」第41條中，規定「當事人可以協議選擇合同適用的法律。當事人沒有選擇的，適用履行義務最能體現該合同特徵的一方當事人經常居所地法律或者其他與該合同有最密切聯繫的法律。」似亦未考慮最能體現該合同特徵的一方當事人如果為法人的情形，應當如何認定其「經常居所地」？

係最切原則，並減少第2項適用上之疑義，本條第3項參考1980
年歐洲共同體契約之債準據法公約（即羅馬公約）第4條之精
神」云云，可見一斑[20]。

　　各國國際私法學者不乏對特徵性履行理論推崇備至者，例如
徐冬根教授即如此讚譽：「特徵性履行方法，由最初的學術思想
上升到歐洲大陸法系各國的立法規範，成為國際私法法律選擇的
規範，是歐洲大陸法系國際私法形式理性的表現，也是歐洲大陸
法系各國私法成熟的標誌。（……中略）歐洲大陸法系各國通過
立法活動，實現了將國際私法的特徵性履行理論與實踐相融合的
目標，並從實踐中產生了統一的法律選適用規則，使特徵性履行
這種法律選擇方法上升為國際私法合同法律選擇的普遍準則[21]。」
並認為「特徵性履行理論強調每一個合同關係都有一個特徵，
並且只有一個特徵，根據該特徵就能對號入座，確定該合同關係
所適用的法律。按照這種精確定位的方式來確定合同的法律適
用，具有很強的確定性。所以，特徵性理論的思想首先在大陸法
系國家萌發，並為大陸法系國際立法所體現。作為具有「概念明
確、條例清晰、邏輯嚴密」的法典傳統的歐洲大陸國家，瑞士國
際私法立法在特徵性履行方法的立法上蘊涵著國際私法學者們的
智慧，使得合同的法律選擇體現出了顯著的『確定性』。」

　　儘管特徵性履行理論受到如此的褒美，然而不可否認的，此
一理論的方法仍然建立在於傳統的薩維尼式硬性法則基礎上，而
有著與此種硬性法則相類似的缺陷。相較於支持者，質疑特徵性

---

[20] 關於新涉民法第20條之修法過程，參考王志文，同註1。
[21] 徐冬根，國際私法特徵性履行方法的法哲學思考，上海財經大學學報，第13卷
　　第3期，2011年，頁19-24。刪節號為作者自加。

履行理論的國際私法學者，在各國亦不在少數，其主要根據的理由約有下列數項。

　　首先，在運用特徵性履行理論作為當事人欠缺明示選法時的一種預設的「推定」方面，法國學者有認為這種推定實屬多餘[22]。因為通常而言，立法上會使用推定的方法，都是在事證不夠明確，舉證有困難，或是基於某些公益上的考慮時（考慮到訴訟當事人在專業知識上的差距，而將舉證責任倒置由專業的一方負擔，例如醫療糾紛案件），才會預立某些事實，先「推定」其事實成立，再以反證加以推翻。然而，在涉外契約的場合，事證通常不會有不明確的情形，關鍵還是在於如何從已知的契約事證找出與國家法律之間的連繫，進而選擇出案件的準據法。因此以特徵性履行理論先行推定準據法的作法，在涉外契約案件中顯得並無太大的意義。

　　其次，契約存在履行特徵者，有時候非僅落於當事人之一方，可能雙方在履行特徵上居於相等地位者，例如涉外互易契約，則此時應該如何判斷所謂的契約履行特徵，顯有相當之困難；又契約亦可能隨著履行地的不同，而呈現出不同的履行特徵，即使在同樣類型的涉外契約中，也可能因為履行地的不同，呈現出與不同國家法律間的連結性。例如買賣契約當事人在契約履行上，究竟是選擇以赴償（於債權人處所清償債務）或為往取（於債務人處所清償債務）進行清償，多少會影響我們對於契約履行特徵與特定國家法律間連結的判斷。換句話說，在買賣契約採赴償之債類型時，與契約相關的履行特徵具緊密連結

---

[22]　P. Mayer et V. Heuzé, op. cit., p. 556.

的，應該是買受人的慣居地國法，而與出賣人慣居地國法無甚相關。

再者，契約的種類繁雜，無法盡數類型化，這使得許多與國家公益政策相關的契約（例如勞動契約、消費契約），究竟能否也適用特徵性履行理論，也引起學者的質疑[23]。況且，特徵性履行理論將作為契約特徵履行一方之慣居地法律，直接推定為與該契約有最密切關聯，論理的基礎何在，實值懷疑[24]。當涉外契約所生之爭議與區域地理因素無關時，特徵性履行理論的弱點則越加明顯：例如關於委任美國律師契約中有關抽成制度所生之爭議問題，其實質考量與區域地理因素無甚關係，而是直接觸及到維護弱勢者訴訟權利的實體法律政策問題，這類型的爭議，即不適合以特徵性履行理論處理其法律適用之問題[25]。

因為特徵性履行理論有其力有未逮之處，因此在新涉民法第20條的法律適用解釋上，似應將第2項的關係最切原則認為是例外條款（clause d'exception）[26]，適用上應先以同條第3項進行推定，如果在衡諸契約整體經社功能與客觀條件後，認為應適用推定以外國家之法律時，始回到第2項關係最切原則調整法律適用，以冀其平[27]。

---

[23] 吳光平，同註9，頁257以下。有別於新涉民法的立法，中國涉外民事關係法律適用法則是分別於第42、43條中規範了消費者契約與勞動契約的特別法律適用方式。

[24] Lawrence Collins, Contractual Obligations – The EEC Preliminary Draft Convention on Private International Law, (1976) 25, ICLQ 35.

[25] 陳隆修，同註10，頁326以下。

[26] 學說上又稱脫逃條款（escape clause）。吳光平，同註9，頁261以下。

[27] 相同之見解，何佳芳，契約準據法中推定的關係最切之法—以「特徵性履行」之判斷為中心，月旦法學雜誌，第197期，2011年10月，頁201-212。

參、「特徵性履行」的實踐

　　不過，在司法實務的運作上，是否均遵循上開先以特徵性履行理論推定後，再以關係最切原則推翻的法律適用順序，實不無疑問。自新涉民法施行以來，臺灣高等法院與各地院已有不少相關之判決出現，可資參考，以下即依序整理之：

一、地院見解

(一) 直接採取新涉民法第20條第2項選擇準據法者

　　在地院判決中，絕大多數均係直接跳過特徵性履行理論推定，直接採取新涉民法第20條第2項關係最切理論選擇準據法。例如在一宗關於水產買賣的爭議中，原告為日本公司，被告為臺灣人，兩造簽訂活黑蜆之買賣契約，惟因為被告所交付的貨物有瑕疵，遂向臺北地院起訴請求被告賠償其因貨物瑕疵所生之損害。法院認為：「本件原告起訴主張其與被告間訂有活黑蜆之買賣契約，觀之卷內雖無證據可證兩造有何明示適用法律之合意，然參諸上開買賣契約係以由住所地在我國之被告負責提供活黑蜆予原告為其最主要之締約內容，且原告亦選擇至我國法院起訴，並於訴訟中適用我國法之相關規定而為主張，堪認我國法律就上開買賣契約之履行為關係最切之法律，自應為本件之準據法[28]。」直接依據涉外民事法律適用法第20條第2項規定，定本案之準據法。

---

[28]　臺灣臺北地方法院104年度訴字第1837號民事判決。

　　另外，在一宗涉外遺產分割協議履行案件中，當事人均未約定準據法，法院以「本件原告DAVID CHUIN-TEN KU、甲○○等人，爲美國籍人士，爲涉外民事事件，而應依涉外民事法律適用法之規定，定其準據法。次按法律行爲發生債之關係者，其成立及效力，依當事人意思定其應適用之法律。當事人無明示之意思，依關係最切之法律，涉外民事法律適用法第20條第1、2項定有明文。查本件原告係基於原告乙○○等人與林大闊之系爭協議起訴，核屬法律行爲發生債之關係，兩造俱未主張有準據法之約定，而原告主張系爭協議在位於臺北市○○路○○巷○○號1樓之嘉城公司議定，請求給付之標的係被繼承人林雅明遺產經管理分割、再經嘉城公司結算後之盈餘款項，是我國法律應爲系爭協議法律關係最切法律，本件訴訟自應以我國法爲準據法[29]。」亦係直接依據涉外民事法律適用法第20條第2項規定，定本案之準據法。

　　在一宗經銷合約爭議案件中，原告爲臺灣公司，被告爲美國公司，因爲美國公司未履行經銷合約內容，導致臺灣公司受到損害，因此在臺灣士林地方法院提起訴訟，法院認爲：「查原告主張兩造間定有契約惟並未明示應適用之法律，佐以該原告主張兩造間所簽定者爲獨家授權經銷契約，且約定以我國爲經銷區域，而被告於我國亦成立分公司等情，故有關本件契約之成立及效力，應以我國法爲其關係最切之法律，堪予認定。」直接依據涉外民事法律適用法第20條第2項規定，定本案之準據法。

　　另一宗買賣契約價金請求的案件中，原告爲臺灣人，被告爲

---

[29] 臺灣士林地方法院103年度重家訴字第24號民事判決。

外國人，原告起訴請求被告清償買賣契約價金，法院以「本件原告主張被告與其就平版電腦外殼、手機外殼等件訂立買賣契約，迄今仍積欠如主文第1項所示之金額未清償，請求被告返還等節，兩造就上開債權債務關係適用之準據法雖無約定，然依原告提出送貨單記載之履行地，均在我國境內，本國法應為關係最切之法律，故本件應以本國法為準據法。」同樣未對於本案中何謂債務中有足為該法律行為之特徵者，又孰為負擔該債務之當事人等做出推定，直接依據關係最切理論選擇準據法[30]。

(二) 以新涉民法第20條第3項為「關係最切」推定者

第二種型態，係以遵循特徵性履行理論，先行推定關係最切之法者。原告為美國公司法人，被告為臺灣公司法人，原告向被告定作椰纖抽絲處理之統包工程，惟原告主張被告設備顯具有不符通常效用及保證品質之瑕疵，被告亦未遵期修補瑕疵，故在臺灣向被告起訴，要求解除契約並返還價金。法院認為：「查原告所主張關於兩造間後述契約所生債務中，關於被告應給付無瑕疵之後述機器設備之契約義務部分當足為兩造間法律行為之特徵，是依前述說明，應負擔此債務之被告之住所地法即我國法，即為兩造間法律行為關係最切之法律，本件關於兩造因契約涉訟之準據法應適用我國法。」本案不但運用特徵性履行理論說明何謂兩造間法律行為之特徵，並進一步以之作為關係最切法律的推定，較符合新涉民法在第20條中所設定的法律適用模式。

---

[30] 其他如臺灣新北地方法院104年度訴字第1261號民事判決、臺灣新竹地方法院102年度重訴字第128號民事判決等，均援引相類似的推論，茲不贅述。

(三) 看似以新涉民法第20條第3項爲「關係最切」推定，但不明顯者

　　另一種型態，則是雖遵循先以特徵性履行理論推定之程序，但未再就契約其他條件討論有無關係最切理論之適用者。因此看似以新涉民法第20條第3項爲「關係最切」推定，但實際上適用的順序並不明顯。例如在一宗請求給付貨款案件中，原告爲依英屬維京群島法律成立之公司，被告爲臺灣公司，緣被告向原告下訂貨品，原告依約出貨後，未收到被告貨款，於是向臺灣臺北地方法院對被告起訴請求。法院認爲：「原告係依民法第345條規定，請求被告給付積欠之買賣貨款，爲基於買賣契約所生之涉外民事事件，又該契約之法律關係並未明示約定選擇準據法，且負擔買賣契約貨款債務之被告住所地在我國，自應適用中華民國法律。」

　　本案中法院的法律適用方式，雖然看起來係以「負擔買賣契約貨款債務之被告住所地」作爲推定案件準據法之理由，惟如果依據特徵性履行理論，本件足爲該契約之特徵者，似應爲貨物之交付，而非貨款之支付。**所謂「負擔該債務之當事人」，似應指該英屬維京群島公司，而非臺灣公司。但很顯然地，法院並未理解特徵性履行理論的內涵，將「被告」等同於「負擔該債務之當事人」**，這種操作法律適用的方法顯然是有問題的。

　　在另外一宗請求給付貨款案件中，原告爲德國公司，被告爲臺灣公司，被告向原告購買太陽能設備，原告交付完上開設備後，被告未付尾款，因而原告至臺灣向被告起訴請求支付買賣契約尾款。法院認爲：「查本件原告係依兩造簽訂Performance

Agreement of Purchase Contract即採購契約之履行協議（下稱系爭履行協議書）而為主張，而系爭履行協議書並未約定準據法，依系爭履行協議書係約定被告應依履行協議書約定之時程支付欠款予原告，則關於欠款之給付，自應推定負擔該欠款債務之被告行為時之住所地法，為其關係最切之法律；故本件關於履行協議書之準據法應適用中華民國之法律。」同樣**將「被告」等同於「負擔該債務之當事人」**，而適用中華民國法律。

　　比較接近以新涉民法第20條第3項為「關係最切」推定者，係在一件涉外保證契約案件，原告與被告均為臺灣公司，惟被告為訴外人某家日本公司作保，約定若日本公司無法履約時，被告願負責賠償原告所有損失。嗣原告與日本公司發生糾紛，原告遂在臺灣向法院起訴請求被告應依保證契約負擔保證人責任。法院在選法上認為：「本件原告主張所據被告於民國101年10月12日簽立之保證書契約之法律關係，該保證書並未明示約定選擇準據法，惟原告主張被告依該保證書負有連帶保證責任，而被告於簽立此保證書之行為時，其住所在地係在我國境內（詳本院卷一第108頁），故依前揭規定，關於本件原告主張之保證書契約法律關係效力認定，自應推定以中華民國法律為關係最切之法律，而為準據法，合先敘明。」雖然從特徵性履行理論來看，本件足為該契約之特徵者，應為保證行為，而本案「負擔該債務之當事人」應為保證人。故法院在推定上以保證人之住所地法律作為關係最切之法律，洵為正確。美中不足者，本案法官並無進一步地論證本案「負擔該債務之當事人」為何，似仍未真正掌握特徵性履行理論之推論要點，而有跳躍邏輯之嫌。

二、高院見解

(一) 直接採取新涉民法第20條第2項選擇準據法者

　　在大多數的案件中，臺灣高等法院採取直接適用新涉民法第20條第2項關係最切理論選擇準據法，而跳過同條第3項的推定。例如在一個因違反經銷合約請求損害賠償的案件中，原告為臺灣A公司，被告為美國B公司，原告與被告簽訂系爭合約，並約定原告在我國有獨家經銷Mesh AP系列產品之權利。後來被告與訴外人臺灣C公司合作標案訂購921臺MA3100-AB-TA產品，後來又追加訂購2,000臺新機種。依系爭合約之約定，本應經由臺灣A公司供貨予臺灣C公司，詎美國B公司逕由其臺灣分公司出貨予臺灣C公司，A公司遂主張B公司違約之行為使A公司失去本得享有獨家銷售貨品之利潤而受有重大之損失，便在臺灣士林地方法院向B公司提起訴訟，請求損害賠償。本案兩造並無約定準據法，臺灣高等法院認為：「查，本件系爭合約雖未明示應適用之法律，然依上訴人（作者註：即B公司）為於我國成立分公司之外國公司，且被上訴人（作者註：即A公司）主張兩造間所簽定Mesh AP系列產品經銷合約（下稱系爭合約）為獨家授權經銷契約，因上訴人違約造成被上訴人受有損害，依系爭合約及債務不履行法律關係請求上訴人賠償損害，系爭合約約定以我國為經銷區域等情，堪認我國法為其關係最切之法律，依前揭規定，本件之準據法應為我國法[31]。」即為一例。

　　在另外一件跨國買賣的案件中，原被告均為臺灣人，原告A

---

[31]　臺灣高等法院103年度上字第1371號民事判決。

主張其在美國接受B的委託，由B指示品名、數量，A依照指示於美國購買商品後，託美商聯邦快遞股份有限公司運送至臺灣予B。詎料B積欠A購買系爭商品之價金，始終未予清償，A遂在臺灣臺北地方法院向B起訴，請求返還其所支付商品價金之費用。本案兩造間並未選擇準據法，臺灣高等法院認為：「查本件兩造均為本國人，被上訴人（作者註：即原告A）主張上訴人（作者註：即被告B）以電子郵件委託居住美國之被上訴人在美國為其採購名牌商品，並於購買後運送至臺灣予上訴人，被上訴人已依其指示處理完畢，然上訴人未依約支付被上訴人購買商品及運送之全部費用，而依買賣、委任等契約關係請求上訴人清償債務；上訴人則稱不否認有委託被上訴人在美國代購商品，及商品應運送至臺灣等語，堪認本件涉及外國地，為涉外民事事件，應依涉外民事法律適用法第20條規定，定其準據法，而關於被上訴人主張契約之成立要件及效力，雙方復均不否認應適用我國法律（本院卷第310頁暨背面），且兩造間契約履行地、交貨地均在臺灣，故關係最切者亦屬我國法律，本件訴訟自應以本國法為準據法。」本案高院並未就系爭契約的履行特徵推論說明，而僅直接援引新涉民法第20條第2項關係最切之規定，選定中華民國法作為準據法[32]。

在運用關係最切理論時，綜觀高院審理的過程，似乎還是很難找出一致性的標準，以說明何謂「關係最切」之法。例如在一件機器設備買賣案中，被告甲為一家臺灣A公司之實質負責人，原告臺灣B公司因A公司與伊素有業務往來，甲取得B之信

---

[32] 臺灣高等法院103年度上字第1250號民事判決。

任後，即利用未在臺灣辦理設立登記，亦未經中華民國認許之系爭境外公司C名義，於100年3月24日在我國境內自A公司傳真系爭訂購單向B訂購系爭機器設備，而成立系爭契約。B公司依甲要求於100年7月26日將系爭機器設備運送至大陸中山港完成交貨，系爭境外C公司亦已支付90%之款項，但仍有尾款未付，故向臺灣臺北地方法院對甲提起訴訟，請求系爭尾款併損害賠償。本案被告甲主張應適用中國大陸法律，理由為「本件係兩造於100年3月1日前在大陸洽商，迄至100年3月1日始確定各方關係人（含國外客戶、系爭境外公司、被上訴人、協力廠商泓皓公司）之分工後，於國外聯絡國內廠商並決議訂製系爭機器設備，而成立系爭契約，且約定送貨至大陸中山港，及須至大陸安裝系爭機器設備，是本件準據法應適用關係最切之大陸地區法律。」然而高院卻認為：「依系爭訂購單上並未記載有關準據法之約定，本件即應依關係最切之法律定準據法。查**上訴人固抗辯**本件係被上訴人實際負責人楊順龍親至大陸洽商，約定送貨至大陸中山港，並須至大陸安裝系爭機器設備，系爭契約非在我國達成協議，**法律行為地、契約履行地、交貨地均在大陸、報酬由系爭境外公司在香港匯款**，是本件準據法應適用關係最切之大陸地區法律云云。然查系爭契約應係於100年3月24日**上訴人在我國傳真**系爭訂購單予被上訴人時成立，是系爭**契約締約地應在我國**，而**代為意思表示之人**即上訴人**為我國國民**，以新臺幣計價，並匯入被上訴人國內帳戶（見原審卷第51、133頁），系爭機器設備復係**在我國製造生產**，自我國運送至大陸，所**配合協力**之人如泓皓公司、楊順龍亦**均係我國人**，而大陸核係**交貨地**及系爭機器設備**安裝地**，應認被上訴人與系爭境外公司間關係最切之

法律係我國法[33]。」成問題者，何以契約締約地得援以判斷較契約履行地關係更為密切？高院並未清楚說明。相反地，在另一樁跨國買賣爭議案件中，臺灣公司A向日本公司B訂貨，雙方並無約定準據法，B向板橋地方法院起訴請求A給付貨款，關於準據法的問題，臺灣高等法院認為「本件被上訴人（作者註：即原告日本公司B）依買賣關係向上訴人請求給付貨款，其主張因系爭**買賣契約履行地及上訴人公司所在地均在我國**，以我國法律為關係最切之法律，應適用我國法律等語（見原審卷5頁），並經上訴人表明同意適用我國法律（見本院卷93頁），依首開規定，應適用我國法律。合先說明。」顯然又係以契約履行地，而非契約締約地作為判斷關係最切法律之標準[34]。更有甚者，高院有時候會以價金匯入為中華民國開設之帳戶，或是以兩造雖有國際管轄之合意，卻無準據法之合意時，以合意管轄之法院地國法，作為案件「關係最切之法」，見解莫衷一是[35]。

(二) 以新涉民法第20條第3項為「關係最切」推定者

不過，在一些高院的判決中，仍然可以看到法官適用新涉民法第20條第3項規定，先說明契約的履行特徵後，再推定負擔該債務之債務人之住所地法為關係最切之法律的適用方式。例如在一件棒球制服瑕疵的契約求償案件中，原告為美國A公司，以電子郵件向我國B公司訂購棒球制服，後來發生制服不合規格情

---

[33] 臺灣高等法院103年度上易字第912號民事判決。

[34] 臺灣高等法院102年度上字第243號民事判決。

[35] 猶有甚者，以訴訟雙方當事人為中華民國國籍，因此認為中華民國法律係關係最切之法者，如臺灣高等法院高雄分院100年度上字第95號民事判決。

事，A公司因而自行修改瑕疵後，轉向B公司請求修改瑕疵之費用。訴訟在臺灣士林地方法院提起。本案當事人均未明示選擇契約之準據法，而關於準據法的認定，高院判決認為：「查上訴人為我國籍法人，被上訴人係依美國加州法律成立之法人，有公司執照及確認書可憑（見原審卷一第12至14頁），並為上訴人所未爭執。被上訴人向上訴人訂製系爭制服，由上訴人在越南之加工廠製作，約定以F.O.B為條件，自越南胡志明市運送至美國加州洛杉磯之長堤市（Long Beach,Ca）一節，有訂單可憑（見原審卷一第22頁），涉有外國人及外國地，因而所生契約法律關係具有涉外因素，屬涉外事件。兩造並未明示約定此契約效力應適用之法律，而**依契約本旨完成系爭制服製作之工作，為此契約特徵之債務**，依上開規定，應以負擔該債務之上訴人行為時之住所地法即我國法，為此契約成立及效力之準據法」，顯見其係先以適用新涉民法第20條第3項之規定，定性本案負擔契約履行特徵者為B公司後，再以B公司之「住所地法」即中華民國法作為案件之準據法[36]。

(三) 看似以新涉民法第20條第3項為「關係最切」推定，但不明顯者

同樣地，部分高院判決一如地院，仍然存在以看似以新涉民法第20條第3項為「關係最切」推定，但實際上適用的順序並不

---

[36] 臺灣高等法院102年度上易字第1205號民事判決。嚴格說來，公司法人應無住所之問題，僅係概念上以其主營業地代之，新涉民法第20條第3項在法人為債務人之情形，並無明文規定。惟高院判決在這部分並未加以說明，是有缺憾之處。其他類似的判決，並請參照臺灣高等法院102年度海商上易字第3號民事判決。

明顯的法律適用方式。例如在一件跨國消費借貸的案件中，兩造未約定準據法，臺灣高等法院臺中分院在判斷本案準據法時，僅略以「（……中略）**惟系爭消費借貸關係發生在中華民國領域內，債務人即上訴人於行為時之住所地亦在中華民國領域內，則中華民國法律當為關係最切之法律**，是依涉外民事法律適用法第20條第2項、第3項規定，本涉外事件自應適用中華民國之法律」等為理由適用中華民國法律[37]，並未進一步就本案中孰為負擔契約履行特徵債務之債務人加以論述說明。又或有**將被告等同於負擔契約履行特徵債務之債務人者**，而推定被告行為時之住所地法，為關係最切之法律者[38]。

三、判決評析

　　儘管在修法之初，採用特徵性履行理論的理由，主要是希望在涉外契約爭議案件中，當事人若無明示選擇準據法時，法院逕以關係最切理論選法，將有可能造成選法過程的不穩定性與不可期待性。因此對於新涉民法第20條之規定，較為合理的解釋是法官應先以特徵性履行理論推定案件的準據法，如果綜觀案件之全體事實，發現另有較推定之準據法關係更為密切的他國法律，則此時可回歸同條第2項關係最切理論的原則性規定，以該他國法作為案件之準據法。

　　然而，綜觀上開司法實務判決的發展，卻發現我國法院在特

---

[37] 引用判決內文之刪節號為作者自加。參考臺灣高等法院臺中分院104年度上易字第496號民事判決。

[38] 參考臺灣高等法院103年度上易字第1186號民事判決。

徵性履行理論操作上，與修法之初所設定的目標有些偏差。**首先，我國法院普遍可能對於特徵性履行理論的內涵尚不熟悉，因此誤解了「被告」其實並非即等同於「負擔契約履行特徵債務之債務人」**。這種混淆被告與負擔契約履行特徵債務之債務人的情形，事實上造成了法庭地法優位的情形。換句話說，在涉外契約的案件爭議中，原告之所以會在中華民國法院起訴，絕大部分是考慮到後續執行的問題。也因此，被告（往往是中華民國人）在這種案件中幾乎都是在中華民國領域內有住所或主營業所的情形。此時如果法院不察，疏於判斷何謂負擔契約履行特徵之債務，而將被告（往往是雙務契約之一方債務人）等同於負擔契約履行特徵債務之債務人，則最後的結果幾無例外將適用中華民國法律，作為案件之準據法。而這種推論，事實上並非特徵性履行理論的所期待的結果。因為從特徵性履行理論來說，「負擔契約履行特徵債務之債務人」未必即為被告（中華民國人），亦有可能是原告（外國人）。例如在跨國買賣案件中，臺灣人A向日本人B購買貨物，此時買賣標的物之交付應為買賣契約履行的特徵，則負擔買賣標的物交付義務之債務人應該是日本人B，而非臺灣人A。適用新涉民法第20條第3項推定的結果，似應認為負擔契約履行特徵債務之債務人B國之法，也就是日本法，才是此時推定為關係最切之準據法。但現實上卻是我國法院往往認為債務人是A，故應適用中華民國法作為案件準據法，此種法律適用方法，顯然與特徵性履行理論並不相符。

再者，由於彈性選法理論的特性，我國法院往往會採取直接適用新涉民法第20條第2項的方式，而忽略同條第3項推定的適

用[39]。加上直至目前為止，我國法院尚未對於如何在涉外契約案件中判斷關係最切之國這個問題，並無一致的見解，甚至有的見解還出現了相互歧異矛盾的現象（例如前述的契約締約地與契約履行地，究竟依何者判斷關係最切，臺灣高等法院自己前後見解即不一致）。這都使得法院在適用原先修法時所可能預定的rule-plus-exception方法論模式無法被完整運用。一般來說，我國法院或依據新涉民法第20條第2項，直接以關係最切原則認定系爭涉外契約案件之準據法，或以新涉民法第20條第3項進行準據法之推定，幾乎沒有見到以「先進行準據法推定後，發現另外有關係最切國之法適用可能時，又回歸新涉民法第20條第2項」之法律適用方式。再加上新涉民法第20條第3項僅就自然人之住所有所規定，對於法人的營業地之規定付之闕如，也未就契約的交易背景，究竟是商業交易還是非商業交易等予以分類，因此，從我國法院整體操作上的經驗來看，新涉民法第20條第3項的功能，似未如修法之初所設想的那般充分發揮，我國法院要能夠在涉外契約準據法選擇上熟練運用特徵性履行理論，可能還需要一段時間。

---

[39] 不過有學者認為，這種直接適用關係最切理論的方式，事實上係將新涉民法第20條第3項之性質認為屬於訓示或非確絕性規定（prima facie rule），因此「只要法院將被推定的法律列入關係最切之法律的考量中，即使未論斷『特徵性債務』之有無，是否有反證可推翻法律上之推定，而直接適用關係最切之法律，為求法律適用之簡便，似屬無妨。」可資參考。陳榮傳，國際私法的新自治—民國一百年新法的當事人意思自主原則，月旦法學雜誌，第186期，2010年11月，頁147-163。

肆、結　論

綜合上開研究與分析，可簡短得到結論如下：

一、**新涉民法第20條仍存在問題，法律適用方法見解不一**：不但在我國國際私法學者間，有主張新涉民法第20條的法律適用解釋上，應將第2項的關係最切原則認為是例外條款，適用上先以同條第3項進行推定，如果在衡諸契約整體經社功能與客觀條件後，認為應適用推定以外國家之法律時，始回到第2項關係最切原則調整法律適用；亦有主張將新涉民法第20條第3項之性質認為屬於訓示或非確絕性規定，只要法院將被推定的法律列入關係最切之法律的考量中，亦可跳過第3項，直接適用第2項關係最切之法律規定者。同時，上開二種主張在法院實務上，亦有各自的擁護者。而新涉民法第20條第3項雖然採取特徵性履行理論作為原則，但其係以負擔契約履行特徵債務之債務人之住所地法，推定為關係最切之國之法，並無援用1980年羅馬公約之慣居地法與營業地法為準據法推定之標準，其立法內涵與特徵性履行理論本身間亦存在相當之差異。

二、**司法實務對於特徵性履行理論不熟悉，造成法律適用上的誤解**：我國法院在適用新涉民法第20條的方法上，有採直接採取新涉民法第20條第2項選擇準據法者，有採以新涉民法第20條第3項為「關係最切」推定者，亦有看似以新涉民法第20條第3項為「關係最切」推定，但實際上就法律之適用原則不明顯者。究其實，主要係因我國法院常誤將被告等同於新涉民法第20條第3項之負擔契約履行特徵債務之債務人。

然而，這種誤解除了偏離原來特徵性履行理論所預設之本意外，還造成法庭地優位的現象發生，不但有跳躍邏輯之嫌，亦無法充分發揮修法者原先預設之選法功能。

三、**修法目的並未達成**：從司法實務操作經驗來看，目前新涉民法第20條最大的問題還是在於第2項的「關係最切」規定會凍結第3項「特徵性履行」推定規定的適用。大部分的判決都是採取直接適用新涉民法第20條第2項之關係最切規定，以選擇涉外契約之準據法，鮮有先適用同條第3項推定準據法之規定後，再適用同條第2項以關係最切為由適用相關之國家法律規定者。在這種情況下，修法者希望新涉民法第20條第3項採取特徵性履行原則，以其所具有的穩定性與可預期性，彌補關係最密切法則的不確定性的目的，似乎難以達成。或許，我國將來可考慮再次修法，在涉外民事法律適用法中，就涉外契約當事人未有明示選擇案件準據法時，針對慣居地與商業交易行為進行規定。惟在此之前，依照司法實務經驗來看，似乎還是儘量先朝向加強統一實務對於關係最切事實檢驗的見解為目標，減少法律適用上的不確定性，較符合實際需求。

參考資料

一、中文部分

王志文，涉外債之關係法律適用規範之修正，月旦法學雜誌，第158期，2008年7月。

何佳芳，契約準據法中推定的關係最切之法—以「特徵性履行」之判斷為中心，月旦法學雜誌，第197期，2011年10月。

吳光平，法律行為之特徵性債務與關係最切之法律：臺灣臺北地方法院102年度勞訴字第55號判決評析，月旦法學雜誌，第235期，2014年12月。

吳光平，國際私法上的特徵性履行理論，法學叢刊，第49卷第4期，2004年10月。

宋曉，特徵履行理論：舉廢之間，中國國際私法與比較法年刊，第11卷，2008年。

林恩瑋，當事人意思自主原則下關於意思欠缺之研究，法學叢刊，第49卷第3期，2004年7月。

林益山，慣居地在國際私法上之適用，臺灣本土法學，第28期，2001年11月。

徐冬根，〈國際私法特徵性履行方法的法哲學思考〉，《上海財經大學學報》，第13卷第3期，2011年。

陳隆修，中國思想下的全球化選法規則，五南圖書，2012年。

陳隆修，比較國際私法，五南圖書，1989年。

陳榮傳，國際私法的新自治—民國一百年新法的當事人意思自主原則，月旦法學雜誌，第186期，2010年11月。

劉仁山主編，國際私法，中國法制出版社，2010年。

劉鐵錚等，瑞士新國際私法之研究，三民書局，1991年。

二、外文部分

D. Bureau et H. Muir Watt, Droit international privé, 2éd., 2010, PUF, p. 308.

Lawrence Collins, Contractual Obligations – The EEC Preliminary Draft Convention on Private International Law, (1976) 25, ICLQ 35.

P. Mayer et V. Heuzé, Droit international privé, Montchrestien, 10 éd., Paris, 2010, p. 560.

Trevor C. Hartley, European Contracts Convention: the Rome Convention on the choice of law for contracts, E.L. Rev. 1992, 17(3), 292-293.

Ulrich Magnus, Article 4 Rome I Regulation: The Applicable Law in the Absence of Choice, in Rome I Regulation. The Law Applicable to Contractual Obligations in Europe 1 (Franco Ferrari and Stefan Leible eds., 2009), 27-50.

第二部分

管轄衝突論及其他

|第一章|
國際私法上選購法院問題之研究

壹、前　言

　　所謂選購法院（forum shopping），一般係指**原告以人為的方式操縱法院的管轄權標準，藉此獲得對自己有利的判決結果**的情形。雖然到目前為止，國際私法學者間對於選購法院仍未有一致明確的定義，對於何種情形構成選購法院，或是選購法院的具體內涵，亦缺乏一定的共識，惟傳統上國際私法學者對於選購法院的現象，通常均採取否定之立場，或認為至少應該限制選購法院發生的機會[1]。

　　在實證上，吾人可試舉兩個法國案例略為說明。第一個案件是Garret案[2]，在該案中，一家瑞士A公司向另一家美國B公司

---

[1] 在我國，最典型否定選購法院現象的主張，多見於反致理論（renvoi）的討論。例如劉鐵錚教授寫到贊同反致條款之理由，「可使同一涉外案件，不論繫屬於何國法院，因適用相同法律，而可得同一判決，而判決一致乃國際私法學之理想，抑有進者，其因判決一致之達成，更可獲得以下幾點實益，其一，避免當事人任擇法庭……」參劉鐵錚，國際私法論叢，自刊，1991年，頁203以下。其他相同意見可參考劉鐵錚、陳榮傳著，國際私法論，三民書局，2010年，頁488以下；馬漢寶，國際私法（總論、各論），自刊，2014年，頁233；王海南，論國際私法中關於反致之適用，馬漢寶教授八秩華誕祝壽論文集：法律哲理與制度—國際私法，元照，2006年，頁1-34。

[2] Cass. civ., 24 nov. 1987, Rev. Crit. DIP 1988, p. 364, note G. Droz.

在美國起訴，主張其契約上之權利。由於法國民法典第14條規定，「法國人在外國，不問係與法國人或外國人訂約所負之債務，均得由法國法院受理」[3]。因此根據這個條文，A公司發現在美國的訴訟對其不利，於是計畫在法國另行訴訟。而爲了使案件得以繫屬於法國法院，A公司遂將其債權讓與另一個法國C公司，使得C公司成爲債權人，以便於C公司依上開條文得以主張法國法院對本案具備管轄權的連繫，從而由C公司向B公司在法國起訴，請求損害賠償。對於A公司的這種作法，法國最高法院（Cour de cassation）認爲，系爭債權之讓與僅是爲了取得根據法國民法典第14條所規定之管轄權爲目的，**以人爲方式建立連結點，以迴避該債權求償訴訟之自然法官**（juge naturel），即本案之美國法院，故在此情形下，法國法院對本案應無管轄權[4]。

第二個案件爲Weiller案[5]，該案中Weiller女士爲住在美國紐約的法國人，其因爲希望與先生能夠儘快順利離婚，於是便向美

---

[3] 法國民法典第14條原文爲：「L'étranger, même non résidant en France, pourra être cité devant les tribunaux français, pour l'exécution des obligations par lui contractées en France avec un Français ; il pourra être traduit devant les tribunaux de France, pour les obligations par lui contractées en pays étranger envers des Français.」在法國國際私法上向來備受爭議。

[4] 自然法官理論（la doctrine du juge naturel）是法國法上由來已久的概念，用來說明法官對於案件管轄權的正當性。法國學者有藉由自然法官的概念，說明何以法國法官對於法國人民有「首要管轄權」（chef de compétence）者，主要從法官的功能上說明。按照其推論，法官的功能有二，其一是對權利主體適用法律，從某方面來說也就是提供不論何種國籍的個人在法律上的服務；其二是法官象徵著國家主權，國家主權及於全體國民，因此原告的國籍如果是法國，法國法官對之行使司法權即爲正當。D. Bureau et H. Muir Watt, Droit international privé (Tome I), PUF, 2éd., 2010, pp. 178-179; S. Clavel, Droit international privé, Dalloz, 3 éd. 2012, p. 246.

[5] Cass. Civ., 22 jan. 1951, Rev. Crit. DIP 1951, p. 167, note Ph. Francescakis.

國內華達州的雷諾市（Reno）法院聲請離婚，並取得了離婚的判決。隨後在法國，Weiller女士的丈夫向法國法院異議該離婚判決的合法性。法國最高法院最後判決Weiller女士的丈夫的異議有理由，認為Weiller女士僅是為了取得離婚的判決而移居內華達州，並且系爭判決僅採信Weiller女士片面之詞，並未經過其丈夫認真的答辯（débat sérieux）而作成。故本案Weiller女士規避法國法律，該判決係未具管轄權法院所作成，法國法院拒絕承認該離婚判決之效力。

上開案例中，前者涉及國際私法上**直接一般管轄權**（compétence générale directe）問題[6]，亦即法院在原告有選購法院情事時，是否仍應認其對系爭案件具備國際管轄權；後者則與**間接管轄**（compétence indirecte）問題相關[7]，涉及因運用選購法院方式取得之外國法院確定判決，在法庭地國是否亦承認其效力之問題。從上述案例看來，顯然同為大陸法系的法國法院對於選購法院採取敵對的態度。不過，對照於我國司法實務，我國法院迄今仍未有法官以原告係選購法院為理由，而否定我國法院對於原告之訴訟有國際管轄權，或是拒絕承認以選購法院方式取得之外國勝訴確定判決效力等案例出現[8]。這使得究竟何謂選購

---

[6] 國際私法理論上提及直接一般管轄權，其概念起源於法國國際私法學者E. Bartin的理論，所謂一般管轄與國際公法上之「國家管轄」（compétence étatique）概念相同，主要用以與區別內國民事訴訟法上土地管轄的概念。相關資料，參林恩瑋，國際私法理論與案例研究，五南圖書，2013年，頁16以下說明。

[7] 所謂間接管轄問題，係指對於外國法院作成之判決，間接地由內國法院審查其有無國際管轄權，亦即外國法院判決在本國之承認與執行的問題。其性質與立論基礎均與直接管轄問題不同，不宜相混。參林恩瑋，同註6，頁23以下說明。

[8] 筆者查詢法源法律網，以關鍵字「Forum shopping、選購法院、選購法庭、逛選法院、逛選法庭、任擇法院、任擇法庭、法庭尋覓」等字查詢，均無裁判以

法院，其具體內涵所指為何，以及在什麼情況下的選購法院是不被允許的？或是只要有選購法院的現象發生，法院是否均應予以排除等等的問題，在我國實務判決上容有討論之空間。

為釐清上開問題，本文以下分為兩大部分進行討論。首先研究者為選購法院之概念基礎，探討法官之所以排拒原告選購法院之基礎與理由。其次則就選購法院之限制進行討論，並嘗試從訴訟當事人的立場去理解選購法院問題，期能透過定義與概念的辯證，供我國司法實務工作者處理涉外案件國際管轄權問題上之參考。

貳、選購法院之概念

有關選購法院的概念，可從選購法院的內涵、選購法院衝擊國際私法上處理管轄衝突所要求之一致性與穩定性，以及選購法院所可能涉及的當事人間公平性問題等幾個方面觀察，以下分別敘述之。

一、選購法院的意義、要件與型態

首先應說明者，為選購法院之意義。選購法院係**原告就其案件衡量數個有國際管轄權法院後，選擇其中一對自己最有利之法**

選購法院為由否定我國法院對於原告提起之訴訟具有國際管轄權。更甚者，臺灣士林地方法院91年海商字第1號民事判決將forum shopping稱為「尋求裁判地」，似與一般國際私法學上慣常理解的選購法院意義相去甚遠。

院，作為系爭案件管轄法院而進行訴訟者。是以**原告選購法院並非盲目的選購，而是經過計畫與計算的安排後作成的決定**。並且這種選購也不是普遍性的，而是**原告針對其個案為分別獨立的選購**，原告所追求的無非是運用這種選購法院的方式，可以達到其個案最大利益之法律效果[9]。

因此，就國際私法上選購法院之要件而言，至少有下列數點：

(一) 選購法院之前提，為**系爭案件同時存在數個具有國際管轄權之法院**：如果系爭案件屬於國際私法上專屬管轄之案件[10]，則僅有一個國家的法院對於案件具有國際管轄權，原告或根本無從進行選購法院，或選購法院無效，自不存在選購法院之問題。

(二) **被選購之法院，對系爭案件具有國際管轄權**：被選購之法院如對於系爭案件不具有國際管轄權，則案件必將遭法官駁回，自亦無成立選購法院之餘地。此為選購法院與選法詐欺

---

[9] J-F Sagaut et M. Cagniart, Regard communautaire sur le Forum shopping et le Forum non conveniens, Petites affiches, 14 avril 2005 n°74, p. 51.

[10] 專屬管轄並無一個普世的標準，主要仍取決於各國關於涉外私法案件管轄權政策而定。目前比較常見被歸類為專屬管轄的涉外案件，例如不動產糾紛案件，通常由不動產所在地之法院專屬管轄。其他於國際公約上亦有專屬管轄規定者，例如聯合國1992年關於油污損害民事責任之國際公約（the International Convention on Civil Libility for Oil Pollution Damage）第9條：「當於一個或更多締約國的領土，包含其領海或第2條所提及之地區，發生造成污染傷害的事故，或預防性的措施被採取以防止或減少於該領土，包含領海或地區之污染性之損害時，損害賠償之訴訟只得於任何該締約國之法院提起，於任何這種訴訟被告應給予合理的通知。」（粗體字部分為作者自加）參陳隆修，中國思想下的全球化管轄規則，五南圖書，2013年，頁71以下。

（規避法律）最大不同點[11]。雖然選購法院是以人為方式取得與某國法院國際管轄權之連繫，猶如規避法律以變更連繫因素方式取得與某國法律之連繫，然而前者所選購之法院本來即有國際管轄權，後者則是將原來無成為準據法可能之法律，以變更連繫因素的方式選擇其為案件之準據法；前者主要是直接變更起訴之法院，不涉及詐欺衝突法則之問題，後者則主要針對詐欺衝突法則的現象，而予以評價，二者在概念上、本質上均有所不同，應予區別。

(三) **選購法院並非僅靠原告主觀意願即可達成，而須配合被選購法院國之國際管轄權標準**：即使以受訴法院是否受理系爭案件，仍應依該國法律之國際管轄權標準判斷之。也因此選購法院不但無法僅依照原告之主觀意願而成立，亦不當然排除其他國家法院對系爭案件之國際管轄權。

進一步地思考，關於選購法院的問題，其本質實為原告依法起訴請求法院審判的一種類型。將此一問題放在內國民事訴訟法體系中，與將之放在國際私法體系中相比，亦可觀察出其差異性。

從受訴法院國的立場而言，原告依法起訴請求該國法院保護其權利，本來就是該國法律所保障的合法訴訟權，但為何又會僅因為原告選擇一個對自己較為有利的國家起訴，便認為原告的訴

---

[11] 規避法律之概念，常被援以與選購法院之概念相互比較。根據劉鐵錚教授的看法，規避法律之成立要件有三：一、須當事人具有詐欺內國法之意圖。二、須當事人從新隸屬關係中取得利益。三、須法庭地國為被詐欺之國。參劉鐵錚，國際私法上規避法律問題之研究，國際私法論文集，五南圖書，1996年，頁2-17。

訟權利可以例外地不受保障，甚至要予以排除？從另一個角度來說，如果選購法院可以作為法院排除對於原告訴訟管轄權的一項標準，那麼又該如何去解釋當事人間合意管轄條款（Choice of court clause）效力─即使合意管轄的約定是經過預先算計有利於一方的情形？這種合意管轄的是否也是選購法院的一種？[12]

　　是以我們應該再更細緻地區分出合意管轄與選購法院之間的差別。國際私法上所謂合意管轄，係指當事人互相同意針對一定之法律關係所生之爭議，選擇由某一國家之法院作為其第一審之管轄法院。就國際管轄權的合意而言，其性質應該認為是當事人間的契約，而受法庭地國公序良俗及專屬管轄等規定之限制[13]。而選購法院則與當事人間之合意無關，選購法院的發生與進行均繫於原告單方面之訴訟行為，被告之意願並不參與其中，因此這種依據原告單方面意願選擇法院的方式，成為其與合意管轄最大的區別[14]。

---

[12] 在國際民事訴訟案件中，合意管轄條款的效力一直是被討論的重點。合意管轄條款的基礎來自於近代世界貿易所共同承認的當事人意思自主原則，但世界各國均對於此項原則以規避法律、誠信原則、公平交易或強行法規之名，予以不同程度的適當限制，這也連帶影響到在國際民事訴訟中的案件中，究竟是否應當賦予合意管轄條款專屬、排他的效力，激發出不同的觀點與辯論。參陳隆修，2005年海牙法院選擇公約評析，五南圖書，2009年，頁17。

[13] 在我國最高法院的判決中，亦有不少提及合意管轄應受到法庭地之公序良俗與專屬管轄規定限制者，例如最高法院89年度台上字第2555號判決即認為：「當事人以關於由一定法律關係而生之訴訟，合意由外國法院管轄，以非專屬於我國法院管轄，且該外國法院亦承認當事人得以合意定管轄法院，即該外國法院之判決我國亦承認其效力者為限，應認其管轄之合意為有效。」另參許兆慶，國際私法上之合意管轄：以最高法院91年台抗字第268號裁定之事實為中心，中華國際法與超國界法評論，第3卷第2期，2007年12月，頁259-293。

[14] 這種以原告單方面意願判斷是選購法院還是合意管轄的情形僅是一種簡單的區分方式，所顯示的是原告的意願明顯高於被告的意願的狀況。事實上，更多的

　　正因爲原告片面的意願無法掌握，並且考慮到訴訟的公平性與當事人間正義的維護，使得選購法院在國際私法學上成爲「可疑的」排除對象。然而必須指出的是，即使是選購法院，仍然不能忽略原告取得管轄上的優勢，事實上仍是依循著法院地法中對於國際管轄權標準之規定而來。也因此選購法院本身對於法庭地法官而言仍是一項合法的選擇，問題不是出在選購法院的方式，而是在於選購法院的影響。從法理的觀點而言，選購法院在某種程度上意味的是權利的濫用。

　　因爲選購法院的內涵多元，因此有必要將其概念進行更細緻化之分類。法國學者de Vareilles-Sommières主張，應當將選購法院區分爲「好的（bonus）選購法院」與「壞的（malus）選購法院」兩種型態[15]。前者是指選購法院係在數個具有國際管轄權之法院中進行，因此其選擇爲完全合法之情形，這種選購法院是可以被接受的，並不會受法官的排斥；而後者則是指選擇一個本來可能不具有國際管轄權的法院，卻在人爲有意的操控下，成爲案件的管轄法院，因此有濫用選擇法院權利的情形。這種「壞的」選購法院因爲涉及管轄詐欺（fraude à la compétence）[16]，

情形是，雖然外觀上看起來是合意管轄的約定，但因爲締約的兩方當事人在社經地位與資力上顯不平等，（例如Google公司與臺灣的中小企業之間）資力較差的一方，所擁有契約自由的空間相對被限縮，形式上的合意在實質上僅是資力優勢一方選擇管轄法院的意願。因此本文認爲，如果在涉外案件中出現當事人資力顯不對等的情形，法官亦應當考慮原告有無實質上選購法院的情形存在爲宜。

[15] P. De Vareilles-Sommières, Le forum shopping devant les juridictions françaises, Travaux du Comité français de DIP, 1998-1999, PP. 49-51. 同樣的主張請參D. Bureau et H. Muir Watt, Droit international privé, PUF, 2éd., 2010, p. 230.

[16] 所謂管轄詐欺，涉及的概念是「判決規避」（fraude au jugement），即指當事

因此法官應與選法詐欺出於同一理由，拒絕這種選購法院的現象發生。此一分類方式，或可稍助吾人更加精確理解選購法院的內涵。

二、選購法院的負面影響

國際私法學者以及各國法院實務上**拒絕選購法院的理由，主要在於選購法院的情形會破壞判決的一致性，並且有害管轄衝突的穩定性要求**。這種負面的影響，特別在平行訴訟（Parallel Proceedings）的情形更加明顯[17]，以下舉例說明之。

一間日本公司Mitsui Mining & Smelting Co., Ltd.（下簡稱「M公司」）與一家美國小公司DTG及其他三家公司（一家日本公司與兩家法國公司）分別就電路板銅箔界面處理技術簽訂技術移轉合約，DTG公司為某甲所創立，而甲在創立公司前曾經是同樣從事銅箔製造業的Gould公司的員工。因此當Gould公司知道日本M公司與上開公司簽訂契約時，Gould公司即於北俄亥俄

人試圖經由改變影響管轄權決定之連繫因素，進行選購法院活動，避免系爭事件由原來有管轄權之甲國法院審理，達到系爭事件由乙國法院審理的目的。換言之，作成判決的國家法院，就系爭事件，表面上仍是有國家管轄權的適格法院，但這樣的管轄權取得，卻是經由人為有意操縱來的。因此，管轄詐欺的目的，在於以間接的方式取得無法以直接的方式取得之判決，其內涵在於規避原來可能在某國法院審理後之判決結果。中文資料部分，參陳忠五，美國懲罰性賠償金判決在法國之承認及執行，陳聰富、陳忠五、沈冠伶、許士宦等著，美國懲罰性賠償金判決之承認與執行，學林，2004年，頁122-124。

[17] 所謂平行訴訟，係指在國際民事訴訟中，原則上並無所謂訴訟合併問題，各國應該按照其各自之民事訴訟程序規定，分開平行地進行訴訟，互不干預，此一現象在國際私法學上即稱之為平行訴訟。參林恩瑋，同註6，頁45。

州地區法院對上開公司提起訴訟，主張被告等為不公平競爭，並要求法院不當移轉商業秘密發出命令，以及主張前員工甲違約之損害賠償[18]。

對此，日本M公司並未在北俄亥俄州地區法院進行訴訟，卻選擇了另外於東京地方法院提起訴訟，請求法院宣告其對Gould公司無責任存在。在後一訴訟中，原告日本M公司主張其並無任何違法情事，Gould公司亦無任何損害，因此日本M公司並無義務停止使用系爭銅箔製造技術。對此，被告Gould公司則主張**先繫屬優先原則**（lis alibi pendens），表示東京地方法院應當駁回原告之訴，或是停止訴訟程序之進行，因為系爭訴訟與前一在美國北俄亥俄州地區法院提起之訴訟爭點與當事人均為相同。

然而，東京地方法院卻未接受被告Gould公司的主張。首先，東京法院依照日本國際管轄權標準，認為本案日本M公司與美國DTG公司的契約在日本簽訂，技術移轉發生地也在日本，東京地方法院為被告Gould公司所聲稱之侵權行為地法院（forum delicti），因此日本法院對本案有國際管轄權。其次，在先繫屬優先原則方面，東京地院認為此一原則的適用，係在先繫屬的法院在將來有被日本法院承認的合理確信前提下，始有適用的餘地[19]。而在美國北俄亥俄州地區法院進行的訴訟，東京法院無法確認日本M公司如果在該州進行訴訟後之判決結果，因

---

[18] Gould Inc. v. Mitsui Mining & Smelting Co., 825 F. 2d 676 (2d. Cir. 1987); Gould v. Pechiney Ugine Kuhlmann & Trefimetaux, 853 F.2d 455 (6th Cir. 1988); Could, Inc. v. Mitsui Mining & Smelting Co., 947 F. 2d 218 (6th Cir. 1991)

[19] 此又稱之為「判決承認預測說」。參考賴淳良，外國法院訴訟繫屬在內國之效力，國際私法論文集，五南圖書，1996年，頁241以下。

此裁定不停止訴訟程序之進行。本案最後日本M公司判決無須負責，並且北俄亥俄州地區法院之判決亦無法在日本獲得執行[20]。

從上述實例可知，**在平行訴訟問題上，訴訟當事人均呈現出選購法院的基本意圖。**而一旦對於訴訟當事人選購法院後的效力未予以適當控制時，將使得前後訴訟的法院判決陷入不一致的風險中。換言之，假設我們認為當事人選購法院的都是有效的選擇，而無須受到限制，那麼當事人就同一種案件糾紛在世界各地提起訴訟時，因為各國實體法上規定的差異性，將極有可能使得判決出現歧異的結果。即便是採取先繫屬優先原則的國家，例如上開案件中的日本法院，仍然有可能以無法預測先繫屬法院判決為理由，接受一個起訴在後的跨國訴訟，並拒絕停止在內國進行之訴訟程序，進而以後一個訴訟程序取得對自己有利的判決結果，使得Gould公司先前的訴訟花費變成徒勞而無益。因此在平行訴訟的背景上，討論對於原告選購法院的控管問題，實具有相當之意義。

三、選購法院的性質

選購法院的現象還凸顯了另一個訴訟公平性的問題，那就是訴訟的開始與進行，完全操縱在原告的手中。**特別在原告是社會或經濟上地位的強勢者，或是涉外訴訟經驗較為豐富時，選購法院的情形更顯得無法保障當事人間的訴訟公平性。**事實上，這往

---

[20] Andreas F. Lozenfeld, Editorial Comment: Forum Shopping, Antisuit Injunction, Negative Declarations, and Related Tools of International Litigation, 91 A.J.I.L., pp. 314-324.

往也是原告所期待的結果，透過選購法院的方法直接造成訴訟程
序上的優勢，並間接地獲得有利的判決結果。雖然選購法院並不
當然伴隨著選法詐欺，然而這種可能構成管轄詐欺的方式，卻同
樣與選法詐欺具備訴訟程序上的不公平性，而應當受到限制。

　　選購法院的現象事實上也破壞了訴訟法上的基礎：「以原就
被（actor sequitur forum rei）」原則。從我國的民事訴訟法規定
上觀察，民事訴訟法第1條第1項規定「訴訟，由被告住所地之
法院管轄。被告住所地之法院不能行使職權者，由其居所地之法
院管轄。訴之原因事實發生於被告居所地者，亦得由其居所地
之法院管轄。」是以原告應當在被告住所地起訴，此一規定主要
是基於保障在訴訟上居於被動的被告之程序利益而來[21]。而同樣
的原則亦應當解釋得類推適用在涉外案件中。

　　在大陸法系的國際管轄權標準上，以原就被原則向來被認為
是國際管轄權的一項普世性的原則。即以德日為例，其國際管轄
權之建構，在普通管轄權類型部分，亦係以被告之生活中心地法
院行使管轄權。（被告為自然人時，為住所，被告為法人時，則
為其事務所或營業所所在地，與我國民事訴訟法第1、2條規定
相同）[22]另外再以歐盟2000年12月22日44/2001號關於管轄與承
認及執行民商事判決規則為例，其第2條規定：「在本規則規定
下，住所設於會員國中之人，應當在該（住所地）國被起訴，而
不論其國籍[23]。」因此，除非案件顯然違反當事人間之公平、裁

---

[21] 參臺灣新竹地方法院99年度重審訴字第85號裁定要旨。
[22] 參李沅樺，國際民事訴訟法論，五南圖書，2007年，頁41以下說明。
[23] 英文版原文為「Subject to this Regulation, persons domiciled in a Member State shall, whatever their nationality, be sued in the courts of that Member State.」

判之正當與迅速等特別情事，或是案件有其他法律所規定之特別管轄權原則（special jurisdiction）[24]，否則對於「以原就被」這種一般性的管轄權規則，不論是國內案件或是涉外案件，法院均應該予以遵守，以保障被告在涉外訴訟上的防禦權利[25]。

　　由於選購法院事實上是由原告掌握訴訟的主動權，因此當原告利用訴訟地國所預設之國際管轄權規定，依照其意願選擇對其最有利的國家法院對被告起訴時，即便是此一起訴程序在客觀上符合了訴訟地國的國際管轄權標準，但對於整個民事紛爭的解決，在程序上仍然有違反平等對待訴訟當事人的疑慮。**特別是當原告採取干擾性或壓迫性的訴訟策略時，或是訴訟當事人在經濟上受到某一國家之特別保護，這種程序上欠缺公平性的狀況將更為明顯。**例如在Amoco案中[26]，原告Amoco等美國公司先於英格蘭高等法院對Enron公司的歐洲子公司及Tennessee天然氣公司就其契約所生之爭議提出訴訟，嗣後被告等在法院定下交換書狀、證人調查以及言詞辯論之庭期後，又在美國德州Houston市對原告等提出訴訟，請求Houston法院宣告其對該案中之被告Amoco公司等無契約及其他保證責任存在。就在英國倫敦進行之前案，與在美國德州進行之後案間，二者顯然形成平行訴訟之

---

[24] 此處所指之特別管轄權原則，係指因訴訟類型或訴訟標的法律關係作爲選擇國際管轄權之標準，即於涉外案件之場合，類推適用內國民事訴訟法上之「特別審判籍」概念者。此與國際私法傳統上引用法國學說所稱之「特別管轄（compétence spéciale）」，指爲內國法院土地管轄分配之概念不同，特此說明。

[25] 在涉外案件中，以原就被原則僅在於特殊的例外情形始被考慮應予以調整，至於何爲例外情形，則可能因對於國際管轄權基礎理念之不同而有差異。參吳光平，國際裁判管轄權的決定基準：總論上方法之考察，政大法學評論，第94期，2006年12月，頁267-334。

[26] Amoco v. TGTLI (Q.B. 1996 Folio No. 889, June 26, 1996).

問題。而後案的原告Enron公司等的意圖則是很明顯的：對原告Enron公司等而言，在美國所進行訴訟屬於一種干擾性的訴訟策略，也是原告Enron公司等選購法院後的結果。不過，後案的訴訟卻對於前案的原告造成程序上的不公平，而且增加訴訟程序經濟上的耗費，並有可能產生判決歧異的危險。

參、選購法院的限制

平行訴訟可謂是原告選購法院所希望達成的結果，這種結果所可能帶來的訴訟程序不平等，以及判決歧異等風險，對於訴訟經濟以及判決流通均可能是有害的。基於以上的考慮，國際私法學者幾均主張對於選購法院的現象必須加以限制。

然而。選購法院畢竟是處於承認保護原告訴訟上權利以及防止原告濫行訴訟現象之灰色地帶間。因此，在討論對於選購法院限制的方式前，有必要將限制選購法院之基礎理念，加以說明。同時，儘管實證上存在著多種限制選購法院的方式，這些方式是否均能達到限制選購法院的效果，似不無疑問。

一、限制的基礎：防止原告濫用權利

在性質上，選購法院與選法詐欺有部分相同之處，這是因為選購法院有時會與選法詐欺的情形同時發生，而原告透過選購法院或是選法詐欺的方式，以求達成判決對自己有利之結果，亦為選購法院與選法詐欺的共同特徵。然而必須指出的是，選購法

院畢竟仍然與選法詐欺內涵有所差異，事實上，雖然有時候選法詐欺可能也會相伴發生選購法院的情形，然而**選購法院卻未必會發生選法詐欺之情形**。特別是在大陸法系的國際私法原理上，傳統上向來將國際管轄權標準與法律適用問題予以區分，亦即管轄法院地國之法律，未必即為系爭案件所應適用之準據法。例如涉外民事爭議雖然符合法院地的國際管轄權標準，而得於法院地提起訴訟，但是在準據法的選擇方面，因為雙面法則的運用關係，法官未必以法院地法作為案件之準據法。在這個前提下，選購法院往往被認為是在管轄權衝突階段的問題，而選法詐欺則是在法律衝突的階段中，才予以討論[27]。

　　關於選法詐欺的成立要件，我國國際私法學者大多將之區分為三項要件[28]。首先，當事人必須具有詐欺內國法的意圖，亦即當事人有主觀上欠缺誠實，虛偽規避法院地法律適用結果，或是扭曲內國法律適用結果的意願出現，其次，當事人必須透過變更連繫因素的方式，獲得新的隸屬關係，並從新的隸屬關係中取得利益。最後，必須法庭地國為被詐欺國，亦即當事人所規避或是扭曲之法律為法庭地國法。必須指出的是最後一個要件，事實上當事人所詐欺的法庭地國法，具體而言應為法庭地的衝突法則，而非法庭地的實體法（Substantive Law），是以選法詐欺的法律效果，應當回到原來當事人未變更連繫因素時，法庭地衝突法則所指向適用的準據法。

　　十九世紀中葉著名的De Bauffrement公爵夫人案即是一例。

---

[27] 參林恩瑋，大陸法系國際私法選法理論方法論之簡短回顧，陳隆修、許兆慶、林恩瑋，國際私法：選法理論之回顧與展望，翰蘆，2007年，頁1-28。

[28] 參劉鐵錚，同註11，頁12-13。

當時的法國法律禁止離婚，而對於婚姻事件，法國法院向採本國法主義。因此具有法國籍、已婚的De Bauffrement公爵夫人爲了與Bibesco王子結婚，便歸化爲德國公國國籍，以便與其前夫離婚後，再與Bibesco王子結婚。然而，De Bauffrement公爵夫人的後婚被法國法院認爲係規避法國法律而無效。法國法院認爲此時本案仍應適用變更連繫因素前，法國法院所可能指定之準據法[29]。

然而，選購法院卻只是原告選擇對其有利，並且符合法庭地國際管轄標準的法院的情形，**與選法詐欺相反，選購法院本身對於法庭地國的法律並未規避，亦未有任何意圖扭曲或是誤導法院適用法律之情事**。從保障原告訴訟上合法權利立場而言，法官很難在系爭事件符合法院地國的國際管轄標準時，禁止原告選擇對其自己有利的國家法院起訴請求保護，即使原告如此作爲可能造成平行訴訟時亦同。即以最高法院67年台再字第49號判

---

[29] 與此相比，我國涉外民事法律適用法第7條規定「涉外民事之當事人規避中華民國法律之強制或禁止規定者，仍適用該強制或禁止規定。」修正理由謂：「涉外民事事件原應適用中華民國法律，但當事人巧設連結因素或連繫因素，使其得主張適用外國法，而規避中華民國法律之強制或禁止規定之適用，並獲取原爲中華民國法律所不承認之利益者，該連結因素或連繫因素已喪失眞實及公平之性質，適用之法律亦難期合理，實有適度限制其適用之必要。蓋涉外民事之當事人，原則上雖得依法變更若干連結因素或連繫因素（例如國籍或住所），惟倘就其變更之過程及變更後之結果整體觀察，可認定其係以外觀合法之行爲（變更連結因素或連繫因素之行爲），遂行違反中華民國之強制或禁止規定之行爲者，由於變更連結因素或連繫因素之階段，乃其規避中華民國強制或禁止規定之計畫之一部分，故不應適用依變更後之連結因素或連繫因素所定應適用之法律，而仍適用中華民國之強制或禁止規定，以維持正當適用中華民國法律之利益。現行條文對此尚無明文可據，爰增訂之。」，其規定與法國選法詐欺學理略有不同（法國爲適用變更連結因素前法院所可能指定之準據法，並非適用法院地法），特此説明。

例（陳觀泰控告香港邵氏兄弟公司案）為例，該判例要旨謂：
「民事訴訟法第253條所謂已起訴之事件，係指已向中華民國法
院起訴之訴訟事件而言，如已在外國法院起訴，則無該條之適
用。」就個案而言，本號判例事實上保障了跨港、臺之民事訴訟
案件中原告在臺灣起訴之權利，並限縮解釋訴訟繫屬中一事不
再理原則（第253條）僅在內國民事訴訟程序中得以適用。其立
論基礎似在於考慮跨國民事案件中，由於各國法院彼此間互不
隸屬，當事人均得就同一事件於各國分別獨立、平行地進行訴
訟。因此即使同一事件已先行在外國起訴，其後於中華民國就同
一事件再行起訴之原告之訴訟權利仍應予以保障，而不受內國民
事訴訟法有關訴訟繫屬中一事不再理原則規定之拘束。

　　在比較法上，對於選購法院是否予以嚴格的限制，各國亦有
不同之觀點。例如英國判例法傳統上認為原告有權利合法引用任
何國家對其司法上的保護，因而對於選購法院採取較為寬容之態
度，即便採取困擾（vexation）及壓迫（opression）禁訴原則，
該項原則亦存在相當之限制，而不得任意援用[30]。

　　也因此，**本文認為選購法院的限制基礎，應當建立在防止原
告訴訟上權利的濫用這個觀點上，始為合理**。易言之，原告訴訟
權利之維護既然為一項基本原則，那麼對於選購法院的禁止或限
制，也應當僅有在原告濫用其訴訟權利時，才應當被考慮。限制

---

[30] South Carolina Insurance Co v. Assurantie Maatschappij de Zeven Provincien NV (1987) A.C. 24; Société Nationale Industrielle Aerospatiale v. Lee Kui Jak (1987) A.C. 871. 另參陳隆修，父母責任、管轄規則與實體法方法論相關議題評析，陳隆修、許兆慶、林恩瑋、李瑞生，國際私法：管轄與選法理論之交錯，五南圖書，2009年，頁138-262，特別在第213頁以下。

原告選購法院基礎，應與我國民法第148條規定「權利之行使，不得違反公共利益、或以損害他人為主要目的。行使權利，履行義務，應依誠實信用原則。」所昭示之「禁止權利濫用原則」相符。

二、限制的方式

一般而言，在限制原告選購法院造成平行訴訟的國際管轄權機制上，立法例上約有下列幾種方式，可資參考：

(一) 統一國際管轄權規範方式：先繫屬優先原則

一般而言，限制選購法院最直接的方法是統一國際管轄權規範，在一個統一規範的原則下，將國際民事訴訟案件為合理的管轄權分配，進而藉由各國共同遵守此項國際管轄權分配原則，選出案件最適合的管轄法院，進而由單一的管轄法院受理案件。而各國咸應在此一原則下尊重所選出之法院審理案件之判決結果，並承認該判決之效力。

然而，建立一個世界各國均同意的統一國際管轄權規範，在目前看來似乎仍是遙遙無期。然而區域性的公約卻已經在進行局部管轄權規則的統一。例如1968年簽訂的布魯塞爾民商事判決管轄權及判決執行公約，以及本於上開公約基礎制定之歐盟2000年12月22日44/2001號關於管轄與承認及執行民商事判決規則，均是本於希望在會員國間建立一個自由流通判決的想法基礎，以便達到內部市場運作目的，減低流通障礙所設計的國際管

辖權規則[31]。儘管該公約與規則均未提及要排除或限制選購法院
之現象，然而本文認為，以其面對平行訴訟時所據以堅持適用
的「先繫屬優先原則」觀之[32]（儘管此一機械性原則仍存有許多
爭議），似應寓有防止訴訟當事人濫用其訴訟權利進行選購法
院，以穩定其國際管辖權適用原則之深意。

　　以統一規範方式降低或限制原告選購法院現象之發生，於公
約簽署國間不失為一種直接的解決之道[33]。然而在非公約簽署國

---

[31] B. Audit, Droit international privé, Economia, 6e éd., 2010, pp. 51-52.

[32] 參考該規則第27條規定：「1. Where proceedings involving the same cause of action and between the same parties are brought in the courts of different Member States, any court other than the court first seised shall of its own motion stay its proceedings until such time as the jurisdiction of the court first seised is established. 2. Where the jurisdiction of the court first seised is established, any court other than the court first seised shall decline jurisdiction in favour of that court.」及第28條：「1. Where related actions are pending in the courts of different Member States, any court other than the court first seised may stay its proceedings. 2. Where these actions are pending at first instance, any court other than the court first seised may also, on the application of one of the parties, decline jurisdiction if the court first seised has jurisdiction over the actions in question and its law permits the consolidation thereof. 3. For the purposes of this Article, actions are deemed to be related where they are so closely connected that it is expedient to hear and determine them together to avoid the risk of irreconcilable judgments resulting from separate proceedings.」

[33] 我國民事訴訟法第182條之2亦有類似規定：「當事人就已繫屬於外國法院之事件更行起訴，如有相當理由足認該事件之外國法院判決在中華民國有承認其效力之可能，並於被告在外國應訴無重大不便者，法院得在外國法院判決確定前，以裁定停止訴訟程序。但兩造合意願由中華民國法院裁判者，不在此限。」其立法理由稱「當事人就已在外國法院起訴之事件，於訴訟繫屬中更行起訴，如有相當理由足認該事件之外國法院判決不致有第四百零二條各款所列情形，在我國有承認其效力之可能，且被告於外國法院應訴亦無重大不便，則於該外國訴訟進行中，應無同時進行國內訴訟之必要。為求訴訟經濟，防止判決牴觸，並維護當事人之公平，避免同時奔波兩地應訴，爰於第一項規定，此種情形，法院得在外國法院判決確定前，以裁定停止訴訟程序。」可資參考。

間，這種統一規範的方式即無用武之地。因此各國法院仍應依其各自不同之國際管轄權原則處理選購法院之問題。

(二) 困擾及壓迫禁訴原則與自然法院（natural forum）理論

本文前曾提及，英國法院在判例法中，與選購法院限制相關之方法，最早採用者為困擾及壓迫禁訴原則。此一原則係指原告如果在英國法院起訴會造成被告困擾或壓迫，形成不正當的後果時，英國法院得以拒絕行使其管轄權，並命令停止或駁回當事人在英國的訴訟[34]。英國法院在使用困擾及壓迫禁訴原則的立場上通常頗為慎重，僅在兩個要件下才可以使用此項方法。第一個要件為必須當事人的一方如果繼續地進行訴訟，將明顯地是濫用訴訟權利，而對他方造成困擾或壓迫時，始得考慮此一原則；第二個要件係法院如欲停止訴訟進行時，必須不能對原告造成不公平，並且訴訟是否會對被告造成困擾及壓迫，或是原告有濫用訴訟權利之情形者，均應由被告負舉證責任。也因為英國法院謹慎的使用困擾及壓迫禁訴原則，使得在選購法院的問題上，相較於其他國家法院的敵視態度，英國法院顯得較為寬容。

第二種與限制選購法院有關的方法為自然法院理論，所謂自然法院是指與訴訟有著重大關聯（the most real and substantial connection）地之法院[35]。例如在Rockware Glass Ltd.

---

[34] Dicey, Morris and Collins, The Conflict of Laws 585 (15th ed. 2012). 另參陳隆修，國際私法管轄權評論，五南圖書，1986年，頁84以下。

[35] 參陳隆修，同註30，頁208-209。另參Airbus Industrie GIE v. Patel (1999) 1 A.C. 199, 131-133；相關聯案例另參Spiliada Maritime Corp v. Cansulex Ltd (1987), A.C.

v. Macshannon案中，原告均為蘇格蘭人，其受被告－在英格蘭
註冊登記之公司的僱用，在蘇格蘭工作，並在蘇格蘭當地受到意
外工傷。原告在英格蘭法院對被告提起訴訟，主要的考慮是因為
英格蘭法院訴訟較蘇格蘭法院為迅速，並且可以獲得更高的賠
償。然而，因為所有的證人以及證據等皆在蘇格蘭，而本案被
告方係因為在英格蘭受送達，因此使得英格蘭法院對本案有管
轄權。被告方即對法院提出請求停止訴訟程序。被告方的請求
在一審法院及上訴法院均被拒絕後，上訴到終審法院（House of
Lords）[36]，終審法院以蘇格蘭法院為本案自然法院，因而允許
被告請求停止訴訟程序[37]。自然法院理論因為限制了原告任意地
選擇在一個與本案事實無甚重大關聯的法院起訴的可能，因此也
是法院作為避免原告選購法院的一種管制方法。

(三) 不便利法庭（forum non conveniens）原則與禁訴令 （anti-suit injunction）

在英美法系國家中，常見以不便利法院原則以及發出禁訴令
等方式，處理平行訴訟及選購法院之問題。不便利法庭基本原則
是受訴法院如果能確認有其他管轄權法院存在，並且該法院可以

460, 477.

[36] 或譯為貴族院、上議院。House of Lords在本案當時因為對於聯合王國（United
Kingdom）內所有民事事件有終審權，其職能約與我國最高法院相當，爾後其
終審職能於2009年10月1日，根據2005年憲制改革法案（Constitutional Reform
Act 2005）被聯合王國最高法院（Supreme Court of the United Kingdom）所替
代。

[37] Rhona Schuz, Controlling forum-shopping: the impact of Macshannon v Rockware
Glass Ltd, I.C.L.Q. 1986, 35(2), pp. 374-412.

合適地處理系爭訴訟，在斟酌訴訟資料後，受訴法院如認為其受理案件將對任何一方當事人造成不公平或是非常不便利之審判時，則法院有裁量權決定停止或駁回案件[38]。

我國下級法院目前亦接受不便利法庭原則，例如臺灣新竹地方法院99年度審字第85號判決說明：「惟我國有關一般管轄權之規定，除涉外民事法律適用法就外國人之禁治產及死亡宣告有明文規定外，餘則未予規定，但因案件含有涉外成分，如一國之管轄權不具合理基礎，不僅容易引其國際爭執，縱使判決確定，亦難為外國法院所承認，致無法於外國為強制執行，進而失去訴訟之功能之目的，故學說上認為一國法院行使一般管轄權之合理基礎，應指該案件中之一定事實與法庭地國有某種牽連關係存在，使法院審理該案件應屬合理，而不違反公平正義原則，至所謂一定之事實不外指當事人之國籍、住所、居所、法律行為地、事實發生地、財產所在地等連繫因素，並得援引我國民事訴訟法上對於內國案件管轄權之規定，以為涉外民事事件管轄權判斷標準。然若上述之連繫因素分散於數國，致該數國產生國際管轄權法律上之衝突時，對於國際上私法生活之安定及國際秩序之維持不無妨害，為避免國際管轄權之衝突，並於原告之法院選擇權與被告之保障、法庭之方便間取得平衡，於受訴法院對某案件

---

[38] 不便利法庭亦翻譯作不方便法院，係指受訴法院審酌該法院就系爭事件而言係極為不便利之法庭，且同時存在另一個具備管轄權基礎之替代法庭，並由該替代法庭審理系爭案件將更為便利且適當時，允許受訴法院得拒絕行使管轄權之一項裁量權。參許兆慶，國際私法上「不便利法庭」原則之最新發展：以美國聯邦最高法院Sinochem International Co. Ltd. V. Malaysia International Shipping Corporation案為中心，陳隆修、宋連斌、許兆慶三人共著，國際私法：國際程序法新視界，五南圖書，2011年，頁286-315。

雖有國際管轄權，但若自認為是一極不便利之法院，案件由其他有管轄權之法域管轄，最符合當事人及公眾之利益，且受訴法院若繼續行使管轄加以裁判，勢將對被告造成不當之負擔時，該國法院即得拒絕管轄，此即學說上所稱之「不便利法庭之原則（Doctrine of Forum Non Conveniens）」。」而依上開原則認為「我國法院亦得拒絕本件之管轄，故原告向本院提起本件訴訟，本院既無管轄權，復因管轄法院為外國法院而不能為民事訴訟法第28條之移送裁定，應依民事訴訟法第249條第1項第2款之規定，以裁定駁回原告之訴。」即為一例。

　　在禁訴令方面，則見於訴訟可能先後於數國法院被提起時，法院得命令目前正在進行訴訟的當事人禁止於外國提起訴訟程序。禁訴令因為涉及到外國法院對於訴訟進行權力的影響，故英美法院對於是否對當事人發出禁訴令，大多採取比較審慎的態度[39]。至於判斷是否發給禁訴令的標準則較為多樣，例如案件之同一性、救濟的充分性與證據的集中關係、判決之承認及準據法適用等，均為考慮發給之原因[40]。一旦法院對訴訟當事人發出禁訴令，違反禁訴令的一方當事人將會被法院判予藐視法院[41]，因此對於訴訟當事人選購法院的現象，具有間接抑制的功能。

(四) 衝突法則及合意管轄條款之性質解釋

　　以衝突法則的方式，有時亦可達到限制選購法院之效果。

---

[39] Dicey, Morris and Collins, supra note 34, at 593. 另參陳隆修，同註34，頁86以下說明。

[40] 參李沅樺，同註22，頁136以下說明。

[41] 參陳隆修，同註10，頁317。

例如關於涉外案件的準據法選擇不採單面法則，而採行雙面法則，或是適用彈性選法規則，將管轄權選擇與法律選擇分別處理，或是儘量將系爭問題定性實體問題，而非程序問題，運用反致理論或其他調整方法，避免將系爭問題直接適用法院地法。

此外，如果將選購法院列為一種必須預防的「流弊」，其中一個重要的影響是在解釋當事人合意管轄條款效力的問題上，法院會傾向於將這種合意管轄條款的性質解釋為屬於排他性的，而非併存性的條款。例如，在智慧財產法院98年度民專訴字第98號民事裁定中，原告聯茂電子股份有限公司主張被告美商埃索拉美國公司為我國某號發明專利之權利人，被告前曾以原告產銷之產品侵害其專利而提起訴訟，後來原告與被告簽訂「和解契約（Settlement Agreement）」，依系爭和解契約第5條之約定，原告將系爭產品及相關鑑定報告交予被告律師，供被告驗證系爭產品是否侵害系爭專利，但被告卻延遲驗證，使得原告產銷之產品究竟有無落入系爭專利申請專利範圍之問題懸而未決。為此，原告向智慧財產法院起訴請求確認被告對原告之專利權之損害賠償請求權不存在。訴訟進行中，被告提出抗辯，認為原告之請求為系爭和解契約所欲解決之事項，按照系爭和解契約第13條之約定，本案應由臺灣臺北地方法院管轄，而非智慧財產法院。

對此，承審法官認為，「涉外案件之國際合意管轄條款，**當事人既已明確約定國際管轄權之決定及程序，得以有效避免當事人分向各國起訴，所產生浪費司法資源、各國法院裁判之歧異判斷、以及射悻性「逛選法庭」（Forum Shopping）之流弊，**國際規範及共識（如西元2005年6月30日「海牙合意管轄公約」（the Convention on Choice of Court Agreemen ）） **原則上均尊**

重當事人意思而予以承認，且其合意之效果以排他效力說（專屬合意，exclusive choice of cour tagreement）為主，以併存效力說為例外。如當事人明示或因其他特別情事得認爲具有排他亦即專屬管轄性質者，即發生排他管轄之法律效果。」進一步認爲「系爭和解契約第13條係使用『shall』乙字，足見兩造就有關系爭和解契約之爭議，專屬合意由臺灣臺北地方法院或美國亞利桑那州地方法院管轄，具有排除效果。」

三、限制的困難

　　然而，上開對於選購法院現象所作的設計，均面臨一個共同的問題：**當國際管轄規則傾向於以預定與硬性的方式制定時，往往很難避免訴訟當事人濫用這些管轄規則。**因此，先繫屬優先原則在限制選購法院的發生上，並不能發揮其功能，相反地，反而有鼓勵訴訟當事人先發制人，反而增加了選購法院濫用的危險。

　　特別是在離婚訴訟相關的案件中，可以看出先繫屬優先原則所出現的問題。假設在採取先繫屬優先原則的前提下，配偶的一方如欲達到取得自己有利判決的目的，勢將搶先於他方在有利於自己的國家法院起訴。對此，陳隆修教授的評論是「於國際上有複數訴訟時，毫無選擇的以原告所偏好的第一個法院爲唯一有管轄權的法院，自然對被告甚爲不公，不但違背了以原告就被告（actor sequitur forum rei）這個訴訟法上的基本理念，並且自然

會造成原告選購法院的國際私法夢魘」[42]，此一觀察至為正確，筆者敬表認同。

　　再者，**即使是採取調整衝突法則的方式，也很難避免當事人以選購法院的方式操縱法院地的衝突法則，達成其所欲判決的結果。特別是當選購法院併隨著選法詐欺的問題時。**例如前述的De Bauffrement公爵夫人案，當事人以變更連繫因素的方式進行選法詐欺，並且選定法國法院作為其進行選法詐欺計畫的管轄法院，則一方面在管轄部分取得對其新身份認定有利的法院之優勢，一方面又利用管轄法院適用衝突法則的結果達成其所欲取得之判決利益，即便是管轄國法院在法律衝突問題上採取雙面法則的方式處理案件，當事人仍然可以透過變更連繫因素的方式，達成其所預見之有利判決結果。

　　將合意管轄條款解釋為專屬、排他性質的條款，似乎也無法達到限制選購法院的目的。這是因為當事人，特別是經濟地位上占有絕對優勢的當事人，常常可以運用事前約定的管轄條款，預先地進行選購法院，以達成其尋求有利判決之目的。國際商業實務上常見者，為具有經濟優勢的一方，往往要求弱勢的一方依照其所提出之定型化契約內容簽署約定，而這些約定中包含了契約如果發生爭議時，雙方合意之仲裁地或訴訟地，以及管轄之準據法。在市場競爭的考慮下，被要求的一方鮮有提出異議之機會，在此情形下所謂「當事人意思之尊重」不啻為一種虛無之學理假設。故思考合意管轄條款問題，應當與思考民事契約法原理

---

[42] 參陳隆修，由歐盟經驗論中國式國際私法，陳隆修、宋連斌、林恩瑋合著，國際私法：新世紀兩岸國際私法，五南圖書，2011年，頁23-24。

之發展脈絡相一致：如何從「契約自由」轉向「契約正義」[43]，避免經濟優勢之一方當事人因表面的尊重當事人意願，利用選購法院對經濟劣勢的他方當事人造成實質上的不公平現象，進而就合意管轄條款做適當地調整與約束，避免「岳不群法則」之譏，始為問題核心之所在[44]。

　　而無論如何，相較於不便利法庭、自然法院或困擾及壓迫禁訴等彈性的管轄權裁量原則，採取預設的、硬性的管轄權原則，在處理限制選購法院的問題上無疑是較為遜色的。以臺灣現行法制上所採取的規範基準來看，無論是民事訴訟法第182條之2所採用的「先繫屬優先原則」，或是一般法院所採用的類推適用民事訴訟法管轄原則，似乎均難期待可以有效限制選購法院的發生。而臺灣法院對於選購法院是否均應予以排除或限制之問題，其態度亦不甚明確，有待實務來日創造先例予以說明。至少目前為止，在臺灣司法實務上似尚未存有法院以原告起訴係選購法院為由，將訴訟予以停止或駁回原告之訴之案例。因為司法實務意見對於選購法院問題上認知的欠缺，造成判斷涉外案件中原告之起訴是否為選購法院，是否起訴具備詐欺管轄或濫用訴訟權利之要件等問題，也相應發生困難，更遑論其能就法院究竟應如何限制選購法院，其所持之具體標準與理由基礎為何等問題，進

---

[43] 參王澤鑑，民法總則，自刊，2000年，頁42-44。

[44] 按「岳不群法則」一詞為陳隆修教授對於2005年海牙合意管轄公約採用合意管轄具專屬性之論點，所為之形容。「岳不群」係武俠小說家金庸在其著作「笑傲江湖」筆下的人物，具有外表君子，內心小人的矛盾性格。陳教授以此用來形容其對於上開海牙公約外表上揭櫫法律之穩定性與商業之發展，實際上其規定之內涵卻對於弱勢第三世界人民行打壓及踐踏人權之實的不滿。參陳隆修，同註42，頁96-97。

一步提出明確有效之對策。

肆、結　論

　　綜上所述，本文認爲有以下兩點，值得我國學界及司法實務界在選購法院問題上進行反思：

一、隨著全球化經濟市場的拓展，涉外案件中關於國際管轄權之問題，應注意到訴訟當事人間之程序利益平衡。選購法院問題之所以重要，主要是因爲禁止訴訟當事人濫用程序之原則，已經成爲世界各國在建構程序法上的共同核心政策。防止選購法院的意義，事實上即是對於訴訟當事人在訴訟上權利濫用的禁止。避免訴訟當事人選購法院的基礎，在於防制訴訟當事人濫用其訴訟權利，以保障訴訟當事人間的程序正義。易言之，實現程序正義爲防止選購法院的最終目的。也因此無論是以何種法律工具去防止選購法院的發生，主要的標準應在於判斷選購法院的結果是否將造成訴訟當事人間程序上不平等的現象，如果事實上存在造成訴訟當事人程序不正義的選購法院現象時，我國法院應拒絕管轄系爭訴訟案件。

二、在管制選購法院的策略方面，目前我國在成文法的法源上，僅有民事訴訟法第182條之2所採用之先繫屬優先原則可資援用。然而此一原則正如本文前所批判者，因爲毫無選擇地以原告所偏好之第一個法院爲管轄法院，將可能造成對被告程序上不公平的現象。並且，先繫屬優先原則無法避

免原告以事前的管轄約款，或是挾其優勢訴訟資源與經濟地位，對於被告進行先下手為強、干擾式的訴訟策略之情形；更甚者，先繫屬優先原則反而還可能助長訴訟當事人選購法院的風氣，機械性的適用此一原則，所產生之缺陷是很明顯的。**因此，或許我國法院除了先繫屬優先原則外，仍應該參考他國法制，多元靈活運用各種法律工具，例如目前已獲得司法實務界運用之不便利法庭原則；或是適當承認外國法院禁訴令之效力，以有效管控訴訟當事人選購法院在程序上所可能造成的負面效果。**

參考文獻

一、中文部分

王海南，論國際私法中關於反致之適用，馬漢寶教授八秩華誕祝壽論
　　文集：法律哲理與制度－國際私法，元照，2006年。

王澤鑑，民法總則，自刊，2000年。

吳光平，國際裁判管轄權的決定基準：總論上方法之考察，政大法學
　　評論，第94期，2006年12月。

李沅樺，國際民事訴訟法論，五南圖書，2007年。

林恩瑋，大陸法系國際私法選法理論方法論之簡短回顧，陳隆修、
　　許兆慶、林恩瑋，國際私法：選法理論之回顧與展望，翰蘆，
　　2007年。

林恩瑋，國際私法理論與案例研究，五南圖書，2013年。

馬漢寶，國際私法（總論、各論），自刊，2014年。

許兆慶，國際私法上「不便利法庭」原則之最新發展：以美國聯邦最
　　高法院Sinochem International Co. Ltd. V. Malaysia International
　　Shipping Corporation案爲中心，陳隆修、宋連斌、許兆慶三人
　　共著，國際私法：國際程序法新視界，五南圖書，2011年。

許兆慶，國際私法上之合意管轄：以最高法院91年台抗字第268號裁
　　定之事實爲中心，中華國際法與超國界法評論，第3卷第2期，
　　2007年12月。

陳忠五，美國懲罰性賠償金判決在法國之承認及執行，陳聰富、陳忠
　　五、沈冠伶、許士宦，美國懲罰性賠償金判決之承認與執行，
　　學林，2004年。

陳隆修，2005年海牙法院選擇公約評析，五南圖書，2009年。

陳隆修，中國思想下的全球化管轄規則，五南圖書，2013年。

陳隆修，父母責任、管轄規則與實體法方法論相關議題評析，陳隆修、許兆慶、林恩瑋、李瑞生，國際私法：管轄與選法理論之交錯，五南圖書，2009年。

陳隆修，由歐盟經驗論中國式國際私法，陳隆修、宋連斌、林恩瑋三人共著，國際私法：新世紀兩岸國際私法，五南圖書，2011年。

陳隆修，國際私法管轄權評論，五南圖書，1986年。

劉鐵錚，國際私法上規避法律問題之研究，國際私法論文集，五南圖書，1996年。

劉鐵錚，國際私法論叢，自刊，1991年。

劉鐵錚、陳榮傳著，國際私法論，三民書局，2010年。

賴淳良，外國法院訴訟繫屬在內國之效力，國際私法論文集，五南圖書，1996年。

二、外文部分

Andreas F. Lozenfeld, Editorial Comment: Forum Shopping, Antisuit Injunction, Negative Declarations, and Related Tools of International Litigation, 91 A.J.I.L., pp. 314-324.

B. Audit, Droit international privé, Economia, 6e éd., 2010, pp.51-52.

D. Bureau et H. Muir Watt, Droit international privé, PUF, 2éd., 2010.

D. Bureau et H. Muir Watt, Droit international privé (Tome I), PUF, 2éd., 2010.

Dicey, Morris and Collins, The Conflict of Laws (15th ed. 2012).

J-F Sagaut et M. Cagniart, Regard communautaire sur le Forum shopping et le Forum non conveniens, Petites affiches, 14 avril 2005 n°74, p. 51.

P. De Vareilles-Sommières, Le forum shopping devant les juridictions françaises, Travaux du Comité français de DIP, 1998-1999, pp. 49-51.

Rhona Schuz, Controllinf forum-shopping: the impact of Macshannon v Rockware Glass Ltd, I.C.L.Q. 1986, 35(2), pp. 374-412.

S. Clavel, Droit international privé, Dalloz, 3 éd. 2012.

|第二章|
我國法制下外國人民事法律地位問題之研究：兼論大陸及港澳地區人民之法律地位

壹、前　言

在傳統的大陸法系國際私法研究中，外國人的民事法律地位（La condition des étrangers）一直是作為在衝突法則以外被獨立研究的問題[1]。所謂外國人的民事法律地位，指的是外國人在內國民事法律制度下所得享受權利與負擔義務的範圍，也就是外

---

[1]　H. Batiffol et P: Lagarde, Droit international privé, L.G.D.J., 1993, 8è éd., p.15; Y. Loussouarn, P. Bòurel et P. De Vareilles-Sommières, Droit international privé, Dalloz, 2013, 9è éd., p. 919; M.-L. Niboyet et G.G. de La Pradelle, Droit international privé, LG.D.J., 2011, 3è éd., p.753; D. Bureau et H. Muir-Watt, Droit international privé, Tome I, PUF, 2010, 2è éd., p. 4.例如有學者即指出，「外國人在內國享受權利及負擔義務之狀態，乃外國人權利行使之先決要件……每一國家均有其國際私法已決定外國人行使權利所依據之準據法。惟國際私法指定某涉外案件應適用何國法律之前，必先設想外國人在內國享有權利為前提。」另參考曾陳明汝，國際私法原理（上集）：總論篇，第7版，學林，2003年，頁146。馬漢寶教授亦明確指出，「外國人在法律上的地位如何，為法國國際私法學者所重視之另一問題。……德國及英美的學者在其國際私法著作內，多不討論此一問題。」馬漢寶，國際私法總論、各論，第3版，翰蘆，2014年，頁40。

國人在內國民事制度上所具有之權利能力問題[2]。不過，我國的國際私法學者參考國外國際私法學分類方式，進一步地將這個外國人的權利能力問題細緻化，使得外國人的權利能力問題在我國的民事法制體系上更顯複雜[3]。

　　目前世界各國基本上對於外國人的民事法律地位問題，大多採取例外限制主義[4]。也就是說容許內國衡量其實際國情與社會需求，在原則上承認外國人民事權利平等的前提下，例外地限制外國人的權利能力範圍。在我國法院實務判決上，直接涉及到外國人的民事法律地位問題的爭議案件並不多見。一般來說，我國法院對於外國人權利能力之認定，特別是對於財產權與工作權的保障，大致上採取平等待遇立場[5]。例外較常發生的爭議，主要見於土地法上關於外國人取得土地之限制規定，究竟應如何解釋

---

[2]　這裡所指的權利能力，依照我國學者多數說看法，在學理分類上應該屬於特別的權利能力。馬漢寶，同註1，頁182；曾陳明汝、曾宛如，國際私法原理（續集），修訂3版，新學林，2012年，頁33；劉鐵錚、陳榮傳，國際私法論，第5版，三民書局，2010年，頁161。

[3]　例如進一步將權利能力區分為一般之權利能力、特別之權利能力與個別之權利能力三種不同的分類。參照曾陳明汝、曾宛如，同註2，頁31，；或分為「一般權利能力（人格）」與「特別權利能力」二種，柯澤東，國際私法，元照，2010年，頁181。

[4]　經濟部1999年1月19日商字第87230254號函、法務部1998年12月10日（87）法律字第046330號函等均採此一看法，認為我國對於外國自然人之權利能力原則上係採平等主義，但例外情形國內法令有所限制。

[5]　學者就此解釋，「目前各國採行絕對平等主義者可謂絕無僅有，比較普遍的仍是以平等主義與互惠主義為主軸的差別待遇主義，只是內、外國人間地位之差距以不似往昔之大而已。」劉鐵錚、陳榮傳，同註2，頁141。另參照行政院勞工委員會2005年5月12日勞職業字第0940501499號函與臺北市政府法規委員會2005年6月27日北市法三字第09430962800號函等，均表明就業服務法第5條第1項關於不得以種族、階級等無關工作能力之理由，為不平等之就業歧視對待之規定，於我國境內工作之外國人亦有適用。

法文的意義與內容等問題[6]。

　　因此，為求充分理解外國人之民事法律地位問題，在分析架構上，本文擬先從「何謂外國人」這個基本問題出發，討論我國民事法制下的外國人分類問題（標題貳以下）；其次，再進一步針對外國人的權利能力問題，在我國民事法制下應該如何理解，進行說明（標題參以下）。

貳、我國民事法制下的外國人分類問題

　　在我國法制上何謂「外國人」？是一個不容易回答的問題，特別是這樣一個問題與臺灣特殊的近代歷史背景息息相關。儘管中華民國憲法第3條規定：「具有中華民國國籍者，為中華民國國民。」但回到國籍法，第2條第1項卻規定：「有下列各款情形之一者，屬中華民國國籍：一、出生時父或母為中華民國國民。二、出生於父或母死亡後，其父或母死亡時為中華民國國民。三、出生於中華民國領域內，父母均無可考，或均無國籍者。四、歸化者。」明顯在生來國籍的認定上採取血統主義（第1款及第2款）與出生地主義（第3款）併合之原則，這使得在我國法制下要辨別何謂「外國人」這個問題，顯得更加複雜與困難。

　　以下本文即就為何我國民事法制下分類「外國人」存在困難（標題一），以及本文認為在目前我國民事法制下應如何區別

---

[6]　最高法院97年度台上字第2051號民事判決，關於越南籍配偶繼承權與土地取得限制之民事爭議問題，即為著例。

「外國人」標準，分別說明之（標題二）。

一、分類上的困難

在概念上，凡不具中華民國國籍者，在我國法制下似均應被認爲係「外國人」。然而由於歷史因素，有時候當事人即使無中華民國國籍，在我國法制下是否被當然認爲係「外國人」，則仍有疑問。在我國法制上，外國人一詞在分類上常常不是很清楚，特別是涉及到華僑、大陸地區人民、香港澳門居民時，這些人是否具有中華民國國籍身分？而認爲屬於本國人，非屬「外國人」？即有可能發生爭議。

華僑，憲法上的用語爲「僑居國外國民」[7]，似指具有中華民國國籍身份，而僑居於外國之中華民國國民。惟依據華僑身分證明條例第3條規定，「本條例適用之對象，爲僑居國外國民。但具有大陸地區人民、香港居民、澳門居民身分或持有大陸地區所發護照者，不適用之。」明確將「具有大陸地區人民、香港居

---

[7] 憲法第167條（教育文化事業之獎助）：「國家對於左列事業或個人，予以獎勵或補助：

一、國內私人經營之教育事業成績優良者。

二、僑居國外國民之教育事業成績優良者。

三、於學術或技術有發明者。

四、從事教育久於其職而成績優良者。」

憲法增修條文第4條第1項：「立法院立法委員自第七屆起一百一十三人，任期四年，連選得連任，於每屆任滿前三個月內，依左列規定選出之，不受憲法第六十四條及第六十五條之限制：一、自由地區直轄市、縣市七十三人。每縣市至少一人。二、自由地區平地原住民及山地原住民各三人。三、全國不分區及**僑居國外國民**共三十四人。」等，均採此一稱謂。（粗體部分爲作者自加）。

民、澳門居民身分或持有大陸地區所發護照」人士排除於華僑概
念之外，並且在同法第4條對於華僑身份的認定設有各項條件規
定[8]。**在解釋上，華僑因為具有中華民國國籍，所以概念上應該
不屬於「外國人」的類型，而屬於本國人民。**例如外國人在我國
取得土地權利作業要點第2點規定：「**旅居國外華僑，取得外國
國籍而未喪失中華民國國籍者**，其在國內取得或設定土地權利所
適用之法令，**與本國人相同**；其原在國內依法取得之土地或建物
權利，不因取得外國國籍而受影響。」就是這種解釋在立法上的
典型。然而，當華僑同時具有外國國籍時，似乎又不能立即認爲
華僑爲本國人民，特別是當華僑生活重心以及法律活動中心地點
不在中華民國境內時，恐怕更難以將華僑視爲本國人民[9]。

　　然而，實務上對於華僑是否爲外國人此一爭議，卻頗爲分

---

[8] 華僑身分證明條例第4條第1項規定：「僑居國外國民，符合下列各款情形之一
　　者，得申請華僑身分證明書：
　　一、居住於有永久居留制度之國家或地區，具備下列條件者：
　　　　(一)取得僑居地永久居留權。
　　　　(二)在國外累計居住滿四年。
　　　　(三)在僑居地連續居住滿六個月或最近二年每年在僑居地累計居住八個月
　　　　　　以上。
　　二、居住於無永久居留制度，或有永久居留制度而永久居留權取得困難之國家
　　　　或地區，具備下列條件者：
　　　　(一)取得僑居地居留資格連續四年，且能繼續延長居留。
　　　　(二)在國外累計居住滿四年。
　　　　(三)在僑居地連續居住滿六個月或最近二年每年在僑居地累計居住八個月
　　　　　　以上。
　　三、現在或原在臺灣地區設有戶籍，自臺灣地區出國，在國外合法連續居留十
　　　　年並在僑居地合法工作居留四年以上，且能繼續延長居留者。」
[9] 將華僑認定非本國人民，而爲介於內、外國人間的第三種類型者，劉鐵錚、陳
　　榮傳，同註2，頁150以下。

歧，傾向依照個案所涉及條文之立法目的為個別解釋。例如最高法院即曾支持臺灣高等法院見解，認為「另政府除制定外國人投資條例，另制定華僑回國投資條例，**可見立法者有意將華僑與外國人加以區分**，否則法律當不必就外國人及華僑之身分證明及獎勵投資內容分別規範。**修正前土地法第17條第1款關於外國人不得買賣之限制應不包括華僑在內**。況**土地法第17條第1款限制外國人不得取得農地**，其立法目的乃鑑於過去我國產業以農為本，為防止外資介入炒作，影響農民權益，動搖國本，故禁止外國人取得農業相關用地。**就立法目的而言，解釋上該條文所謂外國人亦不應包括華僑**[10]。」但就喪失中華民國國籍之華僑，內政部卻以函釋表示，其取得土地權利與外國人相同[11]。

　　在大陸地區人民方面，無論是從臺灣地區與大陸地區人民關係條例第三章民事規定，或是自其他相關法律規範內容觀之，似非屬於本國人概念之範圍，然亦非一般外國人之概念，而係獨立之類型[12]。最高法院雖未就此一問題表達看法，但臺灣高等法院

---

[10]　最高法院95年度台上字第21號民事判決、臺灣高等法院92年度重上字第469號民事判決。

[11]　內政部1981年6月22日台內地字第18493號函參照。

[12]　就業保險法第5條規定：「年滿十五歲以上，六十五歲以下之下列受僱勞工，應以其雇主或所屬機構為投保單位，參加本保險為被保險人：一、具中華民國國籍者。二、與在中華民國境內設有戶籍之國民結婚，且獲准居留依法在臺灣地區工作之外國人、大陸地區人民、香港居民或澳門居民。」或如就業服務法第38條規定：「辦理下列仲介業務之私立就業服務機構，應以公司型態組織之。但由中央主管機關設立，或經中央主管機關許可設立、指定或委任之非營利性機構或團體，不在此限：一、仲介外國人至中華民國境內工作。二、仲介香港或澳門居民、大陸地區人民至臺灣地區工作。三、仲介本國人至臺灣地區以外之地區工作。」等，均明確地將本國人（具中華民國國籍者）、外國人、大陸地區人民、香港居民及澳門居民進行區分。

臺中分院卻曾在判決中明確表示：「按中華民國政治管轄臺澎金馬區域，大陸地區為中華人民共和國所管轄，而大陸地區人民權利義務係適用兩岸人民關係條例，並未享有我國公民權利，亦非領用中華民國身分證、護照；且依現今社會常情，**在臺灣地區所謂中華民國人民，當指領有我國國民身分證之人**，此為公知事實，再由系爭附加條款第1點第2款特別附註「需檢附身分證影本」，益見本件照顧服務員必須為中華民國國籍，乃係債之本旨，以保障我國國民就業機會，便利院民就近、接近服務員而設置。**上訴人稱大陸地區人民即為我國人民云云，顯有誤解[13]。**」顯見普通法院實務上已將大陸地區人民與中華民國人民進行區分[14]。

　　而在香港澳門居民方面，我國立法上多將之以外國人或華僑

---

[13] 臺灣高等法院臺中分院102年度上字第534號民事判決。

[14] 臺灣臺南地方法院99年度家抗字第42號民事裁定即認為「抗告人主張臺灣地區與大陸地區人民關係條例第66條第1項之規定係對大陸地區人民給予遠較於其他外國人更嚴苛之待遇，已違反我國憲法第7條等等之之平等原則云云。查我國涉外民事法律適用法之適用對象為外國人，而臺灣地區與大陸地區因歷史因素致有時間與空間上之隔閡，故另定臺灣地區與大陸地區人民關係條例處理兩岸人民之事務，與涉外民事法律適用法係用以規範外國人與本國人所生之法律問題有所差異。」本號裁定意見嗣後並經臺灣高等法院臺南分院作成99年度非抗字第6號民事裁定予以維持。不過，智慧財產法院在智慧財產權侵害的法律適用問題上，則多將大陸地區人民以相當於外國人之地位對待，智慧財產法院102年度民著上字第11號民事判決即認為「按外國人之著作，依條約、協定、或其本國法令、慣例，中華民國人之著作得在該國享有著作權者，得依本法享有著作權，我國著作權法第4條第2款定有明文。我國自2002年1月1日加入世界貿易組織（WTO），該組織與貿易有關之智慧財產權協定（TRIPS）第3條約定，就智慧財產權保護而言，每一會員給予其他會員國民之待遇，不得低於其給予本國國民之待遇。我國與大陸均為世界貿易組織會員國，上訴人之著作屬受我國著作權法保護之著作，在我國應受著作權法之保護。」

之地位視之[15]。例如香港澳門關係條例第31條規定：「香港或澳門居民、法人、團體或其他機構在臺灣地區之投資，**準用外國人投資及結匯相關規定**；第四條第三項之香港或澳門居民在臺灣地區之投資，**準用華僑回國投資及結匯相關規定。**」同法第38條規定：「民事事件，涉及香港或澳門者，類推適用涉外民事法律適用法。」及同法第41條規定：「香港或澳門之公司，在臺灣地區營業，**準用公司法有關外國公司之規定。**」實務上法院判決亦認為：「再按香港於1997年回歸中國後，屬中共控制地區，依臺灣地區與大陸地區人民關係條例第2條第2款，同條例施行細則第3條規定，本應適用該條例解決我國與香港間之法律衝突問題。惟我國於1997年4月2日制定公布香港澳門關係條例，**將香港定位為有別於大陸地區之特別區域**，原則上適用該條例解決我國與香港間之經貿、文化及其他關係，而不適用臺灣地區與大陸地區人民關係條例[16]。」將香港澳門地區人民與大陸地區人民予以區分，而分別適用不同法律之規定，並給予不同之法律待遇。

---

[15] 行政院大陸委員會2000年5月11日（89）陸港字第8906100號函：「按香港澳門關係條例第1條第2項規定「本條例未規定者，適用其他有關法令之規定。但臺灣地區與大陸地區人民關係條例，除本條例有明文規定者外，不適用之。」香港居民，依同條例第4條第1項規定，指「具有香港永久居留資格，且未持有英國國民（海外）護照或香港護照以外之旅行證照者」，符合前述規定之香港居民，其繼承臺灣地區人民之遺產，依同條例第38條規定，係類推適用涉外民事法律適用法有關繼承之規定，不被視為大陸地區人民而有所限制。至香港澳門關係條例施行前之香港，原屬「僑區」，尚與臺灣地區與大陸地區人民關係條例（以下簡稱兩岸關係條例）所稱之「大陸地區」有別；「九七」前之香港永久性居民並非兩岸關係條例所稱之「大陸地區人民」。」

[16] 臺灣高等法院90年度家上字第205號民事判決、臺灣高等法院99年度重上字第500號民事判決參照。

二、外國人的類型

　　從我國民法學理上分類，外國人的類型原則上應包括外國自然人與外國法人。在外國自然人部分，依照前述我國法制、行政機關與司法實務之看法，**廣義的「外國自然人」應係指非具有中華民國國籍之一切自然人，包含無國籍人、華僑、大陸地區人民、港澳地區人民等。而最狹義的「外國自然人」，則係指除了具有中華民國國籍者以外，並扣除無國籍人、華僑、大陸地區人民、港澳地區人民等類型之具有外國國籍之自然人而言。**

　　在最狹義的外國自然人方面，一般而言，實務的見解是如果該外國自然人同時具有外國國籍與中華民國國籍時，則被認為是中華民國人民，惟推論上略有差異。例如最高法院判例曾認為：「民法總則施行法第2條所謂外國人，係指無中華民國國籍者而言，其**有中華民國國籍者，雖有外國之國籍，亦非外國人[17]。**」因此，在民法總則施行法第2條的「外國人」具有內外國籍衝突情形時，依照此一判例看法，似應認其為內國人民。而另一種推論，結論雖然相同，卻是根據涉外民事法律適用法在傳來國籍積極衝突中所適用的內國國籍優先原則，推論該雙重國籍者為內國人民。臺灣臺北地院即曾在判決中認為：「……本件原告同時擁有印尼國籍與中華民國國籍，因之發生內外國籍間之積極衝突，依內外國國籍衝突之解決理論，**各國之共通原則係以一人同時具有內國國籍及外國國籍時，應以內國國籍為準。我國涉外民事法律適用法第26條但書規定：「但依中華民國國籍法應**

---

[17] 最高法院26年渝上字第976號民事判例。

認為中華民國國民者，依中華民國法律。」**乃揭示此一原則，亦即依內國國籍法具有內國國籍者，即為內國國民。**因此，有關原告之國籍問題，依上開我國國籍法之規定，原告仍具有中華民國之固有國籍[18]。」此一見解，顯然係根據修正前涉外民事法律適用法規定所為之結論，惟修正前涉外民事法律適用法第26條但書之規定，僅在於解決本國法適用的問題，以之作為判斷單一國籍標準之法律依據，似非妥適。並且，於涉外民事法律適用法修正後，對於外國人在內外國籍積極衝突的情況，已不再採取內國國籍優先原則，則在新法的體系下，是否仍適合依上開最高法院判例以及實務判決意見，一律認該「外國人」為中華民國國民？實不無疑義[19]。

在外國法人部分，就如何判斷法人之國籍一點，在過去因為舊涉外民事法律適用法第2條曾規定：「外國法人，經中華民國認許成立者，以其住所地法為其本國法。」而有我國法制上對於

---

[18] 臺灣臺北地方法院97年度訴字第186號民事判決。

[19] 涉外民事法律適用法第2條規定「依本法應適用當事人本國法，而當事人有多數國籍時，依其關係最切之國籍定其本國法。」而立法理由稱：「依本法應適用當事人本國法，而當事人有多數國籍時，原條文規定依其國籍係先後取得或同時取得之不同，而分別定其本國法，並於先後取得者，規定一律依其最後取得之國籍定其本國法。此一規定，於最後取得之國籍並非關係最切之國籍時，難免發生不當之結果，且按諸當前國際慣例，亦非合宜。爰參考義大利1995年第218號法律（以下簡稱義大利國際私法）第19條第2項規定之精神，明定當事人有多數國籍之情形，一律依其關係最切之國籍定其本國法，俾使法律適用臻於合理、妥當。至於當事人與各國籍關係之密切程度，則宜參酌當事人之主觀意願（例如最後取得之國籍是否為當事人真心嚮往）及各種客觀因素（例如當事人之住所、營業所、工作、求學及財產之所在地等），綜合判斷之。」顯然於內外國籍衝突時，已經不再採取內國國籍優先原則。

法人國籍究採「住所地法說」抑或「準據法說」之爭[20]。不過此一問題隨著涉外民事法律適用法的修正，應該已經獲得解決[21]。目前看來，**我國民事法制上採取「準據法說」作為判斷法人國籍之標準，此一見解似已成定論**。不過，從我國民事法制層面來看，目前成文法僅就外國社團法人方面設有相關規定[22]，在外國財團法人方面，例如外國宗教法人，目前我國法制上尚未設有相關之規定，因此我國行政機關對於外國宗教法人向來採取**「外國宗教法人不得為權利主體」**之立場[23]。外國財團法人在我國要進行有效的法律行為，現實上有相當之困難。一般大部分的作法是透過我國的自然人或是法人，以類似信託或是借名登記的

---

[20] 採住所地法說者，前司法行政部1953年2月24日台42年電參字第88號函即認為：「我國民法對於何謂外國法人，雖未定以明文，但參照法律適用條例第3條之規定，在解釋上似應認為我國法律所採取者為住所地法主義。」反對說者，認為涉外民事法律適用法第2條意主在確定外國法人之「本國法」或「屬人法」，而不在判斷外國法人之國籍。馬漢寶，同註1，頁179。

[21] 新修正涉外民事法律適用法第13條規定：「法人，以其據以設立之法律為其本國法。」立法理由亦提及：「按內、外國之法人均有應依其屬人法決定之事項（詳如第十四條所列），本條所規定者即為法人之屬人法。原條文僅就外國法人予以規定，並以經中華民國認許成立為條件，漏未規定中華民國法人及未經中華民國認許成立之外國法人之屬人法，顯有不足，實有擴大規範範圍之必要。原條文規定外國法人以其住所地法為其本國法，至於依中華民國法律設立之中華民國法人，則依法理以中華民國法律為其本國法，二者所依循之原則不同，而有使其一致之必要。爰參考一九七九年泛美商業公司之法律衝突公約第二條及義大利國際私法第二十五條第一項等立法例之精神，均採法人之設立準據法主義，明定所有法人均以其所據以設立之法律，為其本國法。」顯然目前法制上應認為對於法人之國籍係採取準據法說。

[22] 公司法第4條規定：「本法所稱外國公司，謂以營利為目的，依照外國法律組織登記，並經中華民國政府認許，在中華民國境內營業之公司。」銀行法第116條：「本法稱外國銀行，謂依照外國法律組織登記之銀行，經中華民國政府認許，在中華民國境內依公司法及本法登記營業之分行。」

[23] 內政部2002年1月9日台內地字第09100675370號函參照。

方式取得法律上的權利。例如臺灣高等法院即曾判決認為「**被上訴人為日本宗教法人，依上開規定，無法於我國辦理認許以取得權利能力，本不得登記為不動產所有權人。惟我國土地法就外國人取得我國土地，雖有土地種類之限制，然並未加以禁止，此**觀之土地法第17條、第18條、第19條之規定甚明，而依土地法第18條及外國人在我國取得或設定土地權利互惠國家一覽表，**日本國人在我國本得為土地所有權人。足見被上訴人未能成為權利主體而登記為不動產所有權人，係因國內尚未訂定有關外國宗教法人認許之相關法律，惟我國立法政策上並未以強行規定對此種情形明文加以禁止。**從而，本件兩造間之信託關係，既非以規避強行法規之適用為目的，與脫法行為自屬有間，更與公序良俗無違，仍應承認其具有法律上效力[24]。」

參、我國民事法制下的外國人權利能力問題

　　在我國民事法制下，有關外國人的權利能力問題可分為二點討論，首先是區別一般權利能力與特別權利能力的分類，各有其不同的法律適用（標題一）；其次，則是對於外國人之權利能力限制，法律亦有不同程度之規定（標題二）。

---

[24] 臺灣高等法院90年度重上字第521號民事判決。

一、一般權利能力與特別權利能力

(一) 外國自然人

在學理上，外國自然人的權利能力分類，我國國際私法學者有採一般之權利能力、特別之權利能力及個別之權利能力三分法者[25]，亦有採一般權利能力與特別權利能力二分法者[26]。所謂一般之權利能力，是指具有作為權利主體的資格或地位，也就是是否具有法律上人格的問題。而特別之權利能力，則是指個別享受權利負擔義務的狀態，也就是外國人的民事法律地位問題。而二者在法律適用上**最大的區別，在於外國人一般之權利能力的問題，可能作為一個法律衝突的問題被研究，而外國人特別之權利能力問題，則純粹屬於內國法上的法律適用問題。**

然而，在外國自然人的一般之權利能力法律適用問題上，就權利能力的內涵，亦即具有人格者是否得於法律上享受權利及負擔義務，世界各國法律制度上幾無異見，其內涵亦無差異，是以於此一部分似不生法律衝突之問題。惟就權利能力之始期與終期，各國法律所認知之內涵，卻未必相同。人何時得認為出生而具有權利能力？何時得認為死亡而喪失權利能力？國際間並無統一之標準。涉及到附條件之權利能力者時，例如胎兒，則問題更形複雜。因此新修正涉外民事法律適用法第9條規定：「人之權利能力，依其本國法。」立法理由稱：「原條文關於人之一般

---

[25] 曾陳明汝、曾宛如，同註2，頁33。其解釋個別之權利能力為外國人「在特殊法律關係中之權利主體之適格者而言。」係有關其是否具備特定身分、資格或地位之問題。

[26] 劉鐵錚、陳榮傳，同註2，頁241以下參照。

權利能力，並未規定其應適用之法律，關於人之權利能力之始期
及終期等問題，難免發生法律適用之疑義。衡諸權利能力問題之
性質，仍以適用當事人之屬人法爲當。爰參考德國民法施行法第
7條第1項關於權利能力應適用之法律之規定，增訂本條，明定
應依當事人之本國法。」即同其旨。

至於在外國自然人的特別之權利能力法律適用問題上，我國
民法總則施行法第2條規定：「外國人於法令限制內，有權利能
力。」對照同法第12條「經認許之外國法人，於法令限制內，
與同種類之我國法人有同一之權利能力。」之文字用語，立法者
敘述上將「外國人」與「外國法人」進行區分，顯然應該認爲本
條係外國自然人在我國民事法制下的地位之一般性規範。而具體
的法令限制，例如前述土地法第17條規定：「左列土地不得移
轉、設定負擔或租賃於外國人：一、林地。二、漁地。三、狩獵
地。四、鹽地。五、礦地。六、水源地。七、要塞軍備區域及領
域邊境之土地。」或如就業服務法第46條雇主聘僱外國人在中
華民國境內從事之工作項目限制等規範，均屬之。

(二) 外國法人

在外國法人的權利能力問題上，則與外國自然人有所不
同。外國法人的權利能力的取得並非基於出生的事實，而是依據
法規所創設取得。因此外國法人的權利能力問題，應著重在於**外
國法人是否在內國事實上存在**的問題上討論[27]。而在我國民事法

---

[27] 依照我國國際私法學者馬漢寶教授的意見，外國法人是否於內國存在，有兩種
意義，一是「事實上存在」之問題，一是「法律上存在」之問題。「前者，端
在觀察外國法人在法律上已否有效成立，如已在外國法律上成立，則無論其在

制上，就外國法人之事實上存在方面，民法總則施行法第11條規
定：「外國法人，除依法律規定外，不認許其成立。」顯係採
「認許主義」。易言之，如果外國法人（包括財團法人與社團法
人）未經主權機關之認許，原則上不認其「存在」，亦即不具
有權利能力[28]。未經認許的外國法人不但不能在我國成為權利主
體，民法總則施行法第15條更進一步規定：「未經認許其成立
之外國法人，以其名義與他人為法律行為者，其行為人就該法律
行為應與該外國法人負連帶責任[29]。」

　　而**即使外國法人受認許而成立，認其具備一般的權利能力
（亦即內國法律承認該受認許之外國法人的事實上存在），惟其
特別之權利能力與本國法人亦無法相提並論，仍受到相當的限
制**。民法總則施行法第12條規定：「經認許之外國法人，**於法
令限制內，與同種類之我國法人有同一之權利能力**（第1項）。
前項外國法人，其服從我國法律之義務，與我國法人同（第2

內國法律上地位如何，其存在之『事實』，即不能不予承認。此種存在，係關
於外國法人『人格』存在與否之事實問題，故稱『事實上存在』問題。而「法
律上存在」之問題，則係指外國法人之「認許」（recognition）問題，亦即在
內國法律上，認為該外國法人具有享權利負義務之資格而言。馬漢寶，同註1，
頁179。

[28] 儘管司法實務在訴訟上為便宜起見，將未經認許認為屬於非法人團體，（參照
最高法院50年台上字第2719號判例），但終究在實體法上仍非權利主體。

[29] 不過，實務判決亦有認為即使外國法人未受認許，亦「不應否認其一切權利能
力」（臺灣高等法院95年度上字第282號民事判決），或認為該未受認許之外國
法人「僅權利能力（享受權利部分）應依實體法之規定有無限制而決之」（臺
灣高等法院89年度上字第794號民事判決），或甚至認為其係「不失為類似有權
利能力之合夥團體」（臺灣臺北地院99年度仲訴字第4號民事判決）。相關討論
參考吳必然，從超國界法律思維論未經認許外國法人之權利能力問題，中華國
際法與超國界法評論，第7卷第2期，2011年12月，頁293-320。

項）。」便說明了即是受認許的外國法人，其個別享受權利負擔義務的範圍仍不得超越本國法人，仍應受內國法制相當之約束。

與他國法制相比，我國的民事法制上對於外國法人權利能力的限制，無論是一般的權利能力，或是特別的權利能力，均相當嚴格。即以法國為例，從十九世紀以來，外國法人團體向來在法國被承認具有完全的權利能力（plein droit）。特別是在社團法人方面，這個立場迄今尚未有分歧之見解。雖然在股份有限公司方面，法國曾針對法國公司在比利時被拒絕承認乙事通過了1857年5月30日法律，將外國資本公司之承認規定須受法國集體命令（décret collectif）之規範，亦即採用互惠主義原則，僅在比利時法承認法國公司人格的前提下，給予比利時公司最惠國之公司法人格待遇[30]。不過，時至今日這種作法已經被認為是違反了歐洲人權公約中關於保障個人財產及利益之規範，因此上開法律規定於2007年12月20日法案中被明文廢止[31]。是以，目前法國內國法上並無對於外國法人需經法國主權機關認許之規定，原則上外國法人之地位與內國法人相同，具有同等之權利能力。外國法人地位之問題，成為僅在個案中由法國法院判斷是否承認該外國法人人格之問題。

從自由市場經濟的角度上看來，對於外國法人的一般權利能力採取限制的立場，事實上是對於促進國際經濟合作、資本流通與人員交流造成相當的阻礙。法國之所以放棄傳統的互惠主義原

---

[30] P. Mayer et V. Heuzé, Droit international privé, Montchrestien, 2010, 10è éd., p. 772.

[31] D. Bureau, "Feu la loi du 30 mai 1857," RCDIP, 2008, p. 161.

則，主要的理由還是在於其加入歐盟後，受到為建立歐洲共同市
場而揭櫫之人員、資本、商品、服務四大流通自由原則影響——
特別是阿姆斯特丹條約後，將原來屬於歐盟的第三支柱「司法與
內政」事項的「民事方面之司法合作」移至第一支柱歐洲共同體
內，以求促進歐盟各國間之民商事司法合作的趨勢——因此做出
的立法決定[32]。從該國經驗顯示，如果我國在經濟發展政策上欲
朝向加入全球市場經濟，而非閉關自守，似應借鏡國外的法制發
展經驗，在外國法人的權利能力問題上，放棄已經過時的認許主
義，而改採平等主義為原則，以達成促進國際經濟合作的政策目
標。

二、外國人民事法律地位的限制

在我國民事法制上，對於外國人之法律地位仍設有相當之
限制。以下即就外國自然人與外國法人之相關限制，分別說明
之。

(一) 外國自然人

依據我國民法總則施行法第2條規定：「外國人於法令限制
內，有權利能力。」觀之，解釋上似應認為我國民事法制下以承
認外國自然人有與本國自然人相同之權利能力為原則，亦即外國
自然人與本國自然人在民事法制下法律地位原則上相等，而在例
外的情形下始對外國人之權利能力加以限制。易言之，凡在民

---

[32] 許耀明，國際私法新議題與歐盟國際私法，元照，2009年，頁245以下。

事上本國自然人得享有之權利，包括人身權（含人格權與身份權）與財產權（含物權與債權）等，外國自然人原則上均得享有，僅在例外的情況始對之加以限制。

目前我國法制下與外國人直接相關的單行法規及命令約有七十餘種[33]，大致上可分為入出境及收容事項[34]、居留事項[35]、工作聘僱事項[36]、土地房屋取得[37]以及投資與交易事項等[38]。其餘對

---

[33] 法源法律網，以「外國人」為關鍵字搜尋者，扣除已經廢除的部分，迄本文寫作時，所顯示的法規總數約有七十一項。

[34] 外國人臨時入國許可辦法、外國人強制驅逐出國處理辦法、強制驅逐出國案件審查會審查作業要點、外國人入出國境及居留停留規則作業規定、禁止外國人入國作業規定、外國人收容管理規則、外國人收容管理要點等。

[35] 外國人申請永久居留案件審查基準、外國人入出國境及居留停留規則作業規定、外國人停留居留及永久居留辦法等。

[36] 外國人受聘僱從事就業服務法第46條第1項第8款至第11款規定工作之轉換雇主或工作程序準則、律師聘僱外國人從事助理或顧問工作申請案件審查費收費標準、外國人從事就業服務法第46條第1項第8款至第11款工作資格及審查標準、外國人從事就業服務法第46條第1項第1款至第6款工作資格及審查標準、各國駐華使領館及駐華外國機構聘僱外國人許可及管理辦法、律師聘僱外國人從事助理或顧問工作許可及管理辦法、聘僱外國人從事家庭看護工作之低收入戶及中低收入者繳納就業安定費作業要點、雇主辦理與所聘僱第二類外國人終止聘僱關係之驗證程序、教育部認可大學聘僱外國人進行短期講座及學術研究注意事項、雇主聘僱第二類外國人違反就業服務法第72條規定廢止招募許可及聘僱許可裁量基準、雇主資遣或解僱本國勞工達一定比例不予許可聘僱第二類外國人裁量基準、雇主接續聘僱外國人之比率或數額基準、從事就業服務法第46條第1項第8款至第10款規定工作之外國人委任跨國人力仲介辦理就業服務事項契約、雇主委任跨國人力仲介招募聘僱從事就業服務法第46條第1項第8款至第10款規定工作之外國人契約等。

[37] 外國人投資國內重大建設整體經濟或農牧經營取得土地辦法、外國人未依規定使用其投資取得國內土地及其改良物逕為標售辦法、外國人在我國取得土地權利作業要點、外國人在我國取得或設定土地權利互惠國家一覽表、外國人取得土地申請書等。

[38] 外國人投資條例、華僑及外國人投資證券管理辦法、證券經紀商接受華僑或外國人開戶委託買賣上市之證券投資信託基金受益憑證辦法、華僑及外國人與大

於外國人民事法律地位的限制等例外規定，則散見於各項法律
及命令中，難以精算估計。不過一般而言，直接對於民事權利的
限制法令並不多見，主要還是在關於不動產之權利取得問題上的
限制規定。

　　在大陸地區人民方面，直接相關的單行法規及命令亦約有
七十三種，各項限制與管制措施可謂是五花八門[39]。而依照臺灣
地區與大陸地區人民關係條例第三章規定觀之，對於大陸地區
人民之特定債權（第63條）、婚姻效力（第64條）、子女收養
（第65條）、遺產繼承（第66條到第68條）、公司投資（第69
條）等[40]，均設有相當限制性的規定，可知大陸地區人民的民事
地位在我國民事法制上所受到的限制與拘束，顯然較外國自然人
要更加嚴格。

　　在港澳地區人民方面，依照香港澳門條例第三章民事以下規

陸地區投資人申請投資國內有價證券或從事國內期貨交易登記作業要點、國內
金融機構辦理在臺無住所之外國人開設新臺幣帳戶注意事項、華僑及外國人從
事期貨交易應行注意事項等。

[39] 法源法律網，以「大陸地區」為關鍵字搜尋者，扣除已經廢除的部分，迄本文
寫作時，所顯示的法規總數約有七十三項。

[40] 關於大陸地區人民取得或設定、移轉在臺灣地區之不動產權利方面，另有「大
陸地區人民在臺灣地區取得設定或移轉不動產物權許可辦法」之規定。並在第2
條規定：「大陸地區人民、法人、團體或其他機構，或其於第三地區投資之公
司（以下簡稱陸資公司）申請在臺灣地區取得、設定或移轉不動產物權，有下
列情形之一者，應予許可：一、依土地法第17條第1項各款所定之土地。二、
依國家安全法及其施行細則所劃定公告一定範圍之土地。三、依要塞堡壘地帶
法所劃定公告一定範圍之土地。四、各港口地帶，由港口主管機關會同國防部
及所在地方政府所劃定一定範圍之土地。五、其他經中央目的事業主管機關
劃定應予禁止取得之土地。」是以大陸地區人民取得臺灣地區不動產之方式，
不但採許可制，並且還限定特定種類，除土地法第17條外國人不得取得之土地
種類外，尚有特定種類之土地大陸地區人民亦不可取得，限制十分嚴格。

定觀之，第38條規定「民事事件，涉及香港或澳門者，類推適用涉外民事法律適用法。涉外民事法律適用法未規定者，適用與民事法律關係最重要牽連關係地法律。」第41條規定：「香港或澳門之公司，在臺灣地區營業，準用公司法有關外國公司之規定。」顯見立法者有意將港澳地區人民之民事法律地位比照外國自然人之民事法律地位對待。而在港澳地區人民是否得在臺灣地區取得不動產所有權之問題上，香港居民部分，目前我國行政部門的意見認為參照香港澳門關係條例之立法意旨，以及我國當前對港政策，在香港現行制度尚未改變前，可「準用」外國（自然）人在我國取得或設定土地權利之規定[41]。而澳門居民部分，行政院大陸委員會2001年8月28日（90）陸港字第9013543號函說明四則認為「因目前澳門大部分土地均為政府所有，私人不

---

[41] 內政部1997年6月30日（86）台內地字第8684353號函關於1997年7月1日以後香港居民及法人可否在我國取得或設定土地權利乙案會商結論(二)：「案經本部於1997年6月23日邀集行政秘書處（未派員）、大陸委員會、外交部、法務部、經濟部、財政部及省市政府會商並獲致結論略以：(一)查香港澳門關係條例涉及香港部分之施行日期，業奉行政院1997年6月19日台86僑字第25200號函定於中華民國86年7月1日施行，是以，有關86年7月1日香港主權移交之後，香港地區之居民，除依香港澳門關係條例第4條第3項取得華僑身分者，得依照中華民國華僑取得或設定土地權利之有關規定辦理外，其餘香港地區居民、一般法人（公司法人除外）、團體或其他機構在我國取得或設定土地權利，經參照香港澳門關係條例之立法意旨，及該條例第13條、第21條、第22條、第31條等準用外國人相關規定之精神，並考量我國政府當前對港政策，在香港現行制度尚未改變前，仍採維持現狀原則，維持現行作法，是以，在香港地區對於外國人士在該地取得不動產權利之規定尚未改變之前，得以繼續準用外國人在我國取得或設定土地權利之規定。」實則「準用」一詞似非妥當，所謂準用是為了避免法文之重複，立法上便宜起見，將某種事項明定準用已有類似事項之規定，易言之，「準用」須法有明文，但很明顯的是我國立法上並未就港澳地區人民是否得準用外國人在臺灣取得或設定土地權利之規定有所明文。

可能取得土地所有權，僅能以批租（批准租賃）方式取得土地
之使用權，惟土地若屬私人所有，土地所有權人可自由處分其
土地，則另當別論。」是以解釋上依據土地法第18條之互惠原
則，應不准許澳門居民在臺灣地區取得或設定土地權利。

(二) 外國法人

相對於外國自然人，我國法制上對於外國法人的民事法律地
位則非以平等原則對待之。民法總則施行法第11條不但規定外國
法人必須經過臺灣主權機關的認許才能成立，並且還要求認許必
須法律有所規定，始得為之。即便是經過認許的外國法人，依照
民法總則施行法第12條規定，亦僅於法令限制內、與同種類之
我國法人有同一之權利能力。換言之，外國法人之民事法律地位
（特別的權利能力），不僅不若內國自然人，甚至在法令限制
下，其個別民事法律地位還可能不若與之同種類之內國法人。
例如在技術合作條例廢止前，曾有外國分公司依該條例向經濟
部申請技術合作優惠，卻因為該條例第3條第1項規定：「本條
例所稱之技術合作，指外國人供給專門技術或專利權，與中華
民國政府、國民或法人，約定不作為股本而取得一定報酬金之
合作。」經濟部認為所謂「法人」一詞不包含經認許之外國法
人，而否准其申請，此一主張並為最高行政法院所接受[42]。換言

---

[42] 最高行政法院81年判字第1452號：「按『本條例所稱之技術合作，指外國人供
給專門技術或專利權，與中華民國政府、國民或法人，約定不作為股本而取得
一定報酬金之合作。』技術合作條例第三條第一項定有明文。所謂『中華民國
政府、國民或法人』係指中華民國政府、中華民國國民或中華民國法人而言，
並不包括經中華民國政府認許之外國法人在內，是技術合作之主體必須一方為
外國人，另一方為中華民國政府、國民或法人，否則其合作之當事人適格即有

之，即使受認許之同種類外國法人，在我國法令限制下，其所得
享有之優惠權利仍可能不及同種類之我國法人，其民事法律地位
亦未可與我國法人平等視之。

　　港澳地區的法人團體，在我國法制上則多以外國法人視
之，不過細節略有不同。以不動產物權的取得為例，在香港法人
團體部分，前揭內政部（86）台內地字第8684353號函認為「香
港地區之公司法人已依我國法律規定予以認許者，在香港地區對
於外國人士在該地取得不動產權利之規定尚未改變之前，其在我
國取得或設定土地權利，仍得繼續準用現行香港公司法人在我國
取得或設定土地權利之規定。」故應許香港法人團體在我國取得
或設定土地權利。而澳門法人部分，依前揭行政院大陸委員會
（90）陸港字第9013543號函所示，似不應准許澳門法人團體在

欠缺，自屬無從准許。本件原告依首揭法條規定申請與美商，迪吉多電腦股份
有限公司技術合作生產智慧型終端機、視窗型終端機、電腦周邊設備網路介面
板，惟查原告係屬經我國認許之外國法人之分公司，參諸行為時公司法第4條規
定，其性質上仍屬外國法人，不因認許而變成為中華民國法人，自不得為技術
合作之主體，被告機關因而否准原告技術合作之申請，揆諸首揭法條規定及說
明，並無違誤。原告雖主張民法總則施行法第12條明定經認許之外國法人，於
法令限制內，與同種類之中國法人有同一之權利能力，公司法第375條亦規定外
國公司經認許後，其法律上權利義務及主管機關之管轄，除法律另有規定外，
與中國公司同，則技術合作條例所稱之法人自應包括經認許之外國法人。又分
公司雖為公司整體人格之一部分，然此非謂分公司不得就其營業範圍內為法律
行為，再參諸外國人投資條例第6條、華僑回國投資條例第20條亦皆肯認經認許
之外國法人在臺分公司，得享受各該條例之優惠；技術合作條例既係依外國人
投資條例及華僑回國投資條例第4條第2項之規定而制定，則技術合作條例所稱
之合作人，自應解釋為包括經認許之外國法人在臺分公司云云，但查技術合作
條例第3條第1項既已將技術合作之主體列舉，自難擴張解釋包括經認許之外國
法人在臺分公司在內，所為主張，尚無可採。訴願、再訴願決定遞予維持原處
分，均無不合。原告起訴論旨，非有理由，應予駁回。」

臺灣地區取得或設定土地權利。

　　至於大陸地區的法人團體，其權利能力受限要更多。同樣以
不動產物權取得為例，根據臺灣地區與大陸地區人民關係條例第
69條規定，「大陸地區人民、法人、團體或其他機構，或其於
第三地區投資之公司，非經主管機關許可，不得在臺灣地區取
得、設定或移轉不動產物權。但土地法第十七條第一項所列各
款土地，不得取得、設定負擔或承租。」不但對於大陸地區法人
團體採取許可制，並且對於不動產物權的取得、設定或移轉亦相
當嚴格，依據大陸地區人民在臺灣地區取得設定或移轉不動產物
權許可辦法第2條規定，特定不動產物權如依土地法第17條第1
項各款所定之土地、依國家安全法及其施行細則所劃定公告一定
範圍之土地、依要塞堡壘地帶法所劃定公告一定範圍之土地、各
港口地帶，由港口主管機關會同國防部及所在地地方政府所劃定
一定範圍之土地以及其他經中央目的事業主管機關劃定應予禁止
取得之土地等，均不得作為大陸地區法人團體取得、設定或移轉
之標的。同法第3條並進一步規定只要有影響國家重大建設、涉
及土地壟斷投機或炒作、影響國土整體發展或其他經中央目的事
業主管機關認為足以危害國家安全或社會安定之虞的情形時，主
管機關並得裁量得不予許可其取得、設定或移轉臺灣地區之不動
產物權。

肆、結　論

綜上所述，我國民事法制對於外國人之民事法律地位的態度略為：

一、在我國法制上，所謂外國人，應係指不具有中華民國國籍之人。廣義的外國自然人，依據地理標準可區分為華僑（包含港澳地區人民）、大陸地區人民與狹義外國自然人三類，而分別予以不同的民事權利待遇。

二、在最狹義的外國自然人、華僑與港澳居民方面，我國民事法制傾向以平等待遇為原則，管制為例外。而大陸地區人民部分，立法上則多有管制，並不適用平等待遇原則。

三、在外國法人（包含港澳法人團體）方面，經許可的外國社團法人雖然原則上與同種類之內國法人平等待遇，但仍有管制之例外。大陸地區之社團法人團體則以管制為原則。至於外國財團法人團體（或宗教法人），無論是何地區或何國籍，目前在我國法制下仍無認許之規定，遑論其民事法律地位得與內國財團法人團體相提並論之可言。

本文認為，我國民事法制上對於外國人之一般權利能力問題，受到國際經濟合作思潮的影響，而採平等待遇原則，僅在細節的問題上（例如權利能力的始期與終期）有所差異；但在特別權利能力問題上，考慮到國家整體利益之保護，仍然有相當的法令係分別就不同種類的外國人予以不同之待遇，甚至予以相當的限制。雖然，國家依照其政策，對於外國人之特別權利能力在法律上予以拘束，舉世皆然，原無甚奇，惟須注意者，為外國人之一般權利能力與特別權利能力在法律適用的問題上層次不

同，前者或有法律衝突之問題發生，而適用涉外民事法律適用
法相關衝突法則之規定，後者則純粹爲內國法上法律適用的問
題，而受「新法優於舊法」、「特別法優於普通法」等法理原則
之拘束，二者仍屬有別，不宜相混。在全球化市場中，國家利益
的保護仍然有其必要性，也因此關於外國人民事權利的保護問
題，端看是在何種法律適用的層次中討論，而有不同的結論[43]。

---

[43] 相關問題牽涉甚多，宜另行撰文評論之。例如在外籍配偶的土地繼承問題上，
我國土地法第18條對於外國人取得我國土地，有互惠原則的限制，乍看之下似
乎與承認外籍配偶之繼承權立場相互衝突。但如果我國法院能理解到，此一問
題究竟爲外國人一般權利能力問題，抑或是特別權利能力問題，而進一步思考
法律在不同層次的問題上應如何適用，則可更有條理地解決系爭案件所呈現之
法律問題。

參考文獻

一、中文部分

吳光平，法官應依職權適用涉外民事法律適用法？，中華國際法與超
　　國界法評論，第3卷第2期，2007年12月。

李建良，外國人權利保障的理念與實務，臺灣本土法學雜誌，第48
　　期，2003年7月。

林秀雄，繼承法講義，第5版，元照，2012年。

林恩瑋，強行法規的衝突：以臺灣高等法院92年度上易字第299號判
　　決爲中心，柯澤東教授七秩華誕祝壽論文集編輯委員會編，柯
　　澤東教授七秩華誕祝壽論文集：二十一世紀法學發展新境界，
　　元照，2008年。

林恩瑋，開放方式的選法理論，東海大學法學研究，第27期，2007
　　年12月。

柯澤東，國際私法，元照，2010年。

馬漢寶，國際私法總論、各論，第3版，翰蘆，2014年。

許耀明，國際私法新議題與歐盟國際私法，元照，2009年。

陳棋炎、黃宗樂、郭振恭，民法繼承新論，修訂9版，三民書局，
　　2014年。

陳隆修，比較國際私法，五南圖書，1989年。

陳隆修，美國國際私法新理論，五南圖書，1987年。

曾陳明汝，國際私法原理（上集）：總論篇，第7版，新學林，2003
　　年。

曾陳明汝、曾宛如，國際私法原理（續集），修訂3版，新學林，
　　2012年。

溫豐文，土地法，自刊，2003年。

劉鐵錚、陳榮傳，國際私法論，第5版，三民書局，2010年。

蔡華凱，外國法的主張、適用與證明―兼論國際私法選法強行性之緩
　　和，東海大學法學研究，第24期，2006年6月。

賴來焜，當代國際（私）法學之基礎理論，自刊，2001年。

二、外文部分

Bureau D., Feu la loi du 30 mai 1857, RCDIP, 2008, p. 161.

Bureau D. et Muir-Watt H., Droit international privé, Tome I, 2010, 2è
　　éd. Paris: PUF.

H. Batiffol et P: Lagarde, Droit international privé, 1993 ,8è éd., Paris:
　　L.G.D.J.

Loussouarn Y., Bourel P. et De Vareilles-Sommières P., Droit interna-
　　tional privé, 2013, 9è éd., Paris: Dalloz.

Mayer P. etHeuzé V., Droit international privé, 2010, 10è éd., Paris:
　　Montchrestien

Niboyet M.-L. et de La Pradelle G.G., Droit international privé, 2011,
　　3è éd., Paris: LG.D.J..

|第三章|
涉外假扣押程序的國際管轄權問題

壹、前　言

在涉外案件中，保全程序作為確保權利的一種重要法律工具，往往影響著權利保障的訴訟目標是否能夠順利實現。而保全程序的實質內涵，亦隨著其定義而有所變化。廣義的民事保全，包括了特別法上的一些保全規定，例如家庭暴力防治法第二章以下，關於民事保護令之規定，或是公司法第287條關於公司重整時，所針對公司財產進行之保全處分，都可屬於廣義民事保全的規定[1]。而狹義的民事保全，則專指民事訴訟法中，關於假扣押、假處分之程序規定而言，後者為本文討論之中心，合先敘明。

一如國內案件般，涉外案件的當事人得利用保全程序排除其將來權利難以恢復，或是無法恢復之風險。但由於涉外案件所具有的特殊跨國界、多邊主權關係等性質，使得吾人在思考涉外案件之保全程序問題時，不能僅依內國程序法律之概念進行推論，而應正視這類型案件所具有的特殊性，並且適當地配合國際現勢予以合理的解釋。

---

[1]　李木貴，民事訴訟法（下），元照，2010年，頁10-34以下。

　　一般來說，假扣押或假處分裁定並未涉及到訴訟當事人間權利義務之判斷，僅著重於執行上是否可以有效的保全債權人權利，避免債務人脫產或使財產消失之行為，或是請求標的物變更，以至於日後有不能執行或甚難執行之虞。是以一國法院之保全程序裁判原則上並無域外效力，無法拘束外國法院，頂多只有建議性[2]。此與外國法院確定判決所產生之「間接管轄」問題性質不同，宜予辨明[3]。

　　民事訴訟法第524條規定：「假扣押之聲請，由本案管轄法院或假扣押標的所在地之地方法院管轄（第1項）。本案管轄法院，為訴訟已繫屬或應繫屬之第一審法院。但訴訟現繫屬於第二審者，得以第二審法院為本案管轄法院（第2項）。」本條規定應係針對內國假扣押案件而設，在涉外案件中，因為現行法欠缺涉外假扣押程序國際管轄權之明文規範，上開規定應可類推適用。因此，如果內國法院對於涉外案件的本案訴訟具有管轄權時，債權人聲請內國法院對將來可能起訴之債務人進行涉外保全措施，類推適用民事訴訟法第524條第1項之結果，內國法院對於系爭案件應有國際管轄權，要無疑問。成問題者，為系爭涉外案件之本案訴訟如在外國提起（即本案訴訟繫屬外國第一審法院情形），但債權人卻聲請內國法院進行保全程序，內國法院對這種保全程序的聲請究竟有無國際管轄權？則有討論之必要。

　　就此一問題，本文以下即以我國法院相關裁定為例，進一步說明之。

---

[2]　陳隆修，國際私法管轄權評論，五南圖書，1986年，頁154。
[3]　關於「間接管轄」之概念與理論基礎，請參考林恩瑋，國際私法理論與案例研究，五南圖書，2013年，頁23以下。

貳、案件事實

　　本件A女主張，其與B男為夫妻，均為美國人，B男於臺北市有經常居所。因B男與C女通姦，將無法自理生活之A女遺棄於美國，並將夫妻財產至少美金96萬5千元移轉至臺灣，屬隱匿財產之行為。A已向美國喬治亞州Gwinnet郡高等法院提起離婚暨夫妻剩餘財產分配之訴，待勝訴即應在臺灣進行強制執行，堪認日後有不能強制執行或甚難執行之虞，依據上開理由，A女於是向臺灣臺北地方法院（下稱臺北地院）聲請對B之財產在新臺幣3千萬元範圍內為假扣押。

參、法院裁定

一、下級審法院意見

　　A女之聲請經臺北地院司法事務官裁定駁回後，A女不服，提出異議，再由臺北地院法官以103年度執事聲字第260號裁定駁回其異議後，A女提起抗告。

　　對A女之抗告，臺灣高等法院以下列理由駁回[4]：

(一) 依據程序法應適用法院地法為國際私法之大原則，A女聲請假扣押事件，屬程序事項，自應適用法院地法，即臺灣法律之規定。

(二) 涉外民事，本法未規定者，適用其他法律之規定；關於假扣

---

[4]　臺灣高等法院103年度家抗字第71號裁定。

押之聲請，由本案管轄法院或假扣押標的所在地之地方法院管轄；本案管轄法院，為訴訟已繫屬或應繫屬之第一審法院，涉外民事法律適用法第1條前段、民事訴訟法第524條第1項、第2項本文分別定有明文。

(三) 因臺灣之涉外民事法律適用法並無聲請假扣押法院管轄之規定，故就具體事件受訴法院是否有管轄權，應依臺灣之民事訴訟法管轄規定定之。

(四) 查本件兩造均係外國人，屬涉外事件。A女自承已向美國法院提起訴訟，且基於本案管轄法院之管轄原因而聲請本件假扣押，依上規定，本件假扣押聲請之**本案訴訟既繫屬於美國法院，臺北地院對本件假扣押之聲請，並無管轄權**，且不能移送於其管轄法院，因此A女向臺北地院為假扣押之聲請，不符合規定，不能准許。

二、最高法院意見[5]

(一) **我國法院對於本案訴訟有國際審判管轄權**：依據家事事件法第53條第1項第4款本文規定，夫妻之一方於中華民國境內持續一年以上有經常居所，婚姻事件由中華民國法院審判管轄。至何種情形始得謂為「經常」，則委由法院依個案具體事實判斷之。因此夫妻均為外國人，其中一方於我國境內持續一年以上有經常居所者，雖該夫妻無家事事件法第53條第1項第2款所示之住所或共同居所，為便利當事人提起訴訟，

---

[5] 最高法院103年台抗字第1020號民事裁定。

亦使我國法院對該涉外婚姻事件有國際審判管轄權。

(二) **我國何法院對本案有管轄權應另外認定**：依家事事件法第53條規定決定我國有國際審判管轄權後，應由我國之何法院管轄該事件，則依同法第52條土地管轄之規定判斷。而不能依家事事件法第52條第1項至第3項規定定法院管轄者，由被告住、居所地之法院管轄，同法條第4項前段亦有明定。

(三) **本案訴訟我國法院有國際審判管轄權，對假扣押亦有國際裁判管轄權**：假扣押之聲請，由本案管轄法院或假扣押標的所在地之地方法院管轄。本案管轄法院，為訴訟已繫屬或應繫屬之第一審法院。民事訴訟法第524條第1項、第2項本文定有明文。此項規定，於涉外事件，並未違反當事人間之公平、裁判之正當與程序之迅速等原則，是就訴訟之本案在我國有管轄權，原則上應可認我國法院對保全本案之假扣押事件有國際裁判管轄權。

(四) **本案相對人B在臺灣有經常居所，可隨時在臺灣起訴**：兩造雖均為美國人，然相對人B於臺灣經商近30年，每年在臺灣居住時間超過6個月以上，在臺北市松山區有經常居所。依家事事件法第53條第1項第4款本文規定，臺北地院為本件假扣押之本案管轄法院，B隨時可向臺北地院起訴，A似非不得向臺北地院提起本件假扣押之本案訴訟。

(五) **A雖已在美國起訴，非不得在臺灣另行提起訴訟**：A雖已向美國法院提起本案訴訟，惟根據民事訴訟法第182條之2之規定，A仍可向我國法院更行起訴，我國法院自亦不失為同法第524條第2項所稱之應繫屬法院。果爾，則A主張臺北地院為上開規定之本案訴訟「應」繫屬之第一審法院，臺北地院

就本件假扣押有管轄權云云，是否全然不足採？即有再爲研究之必要。

於是裁定原裁定廢棄，應由臺灣高等法院更爲裁定。

對於最高法院的意見，臺灣高等法院原則上予以維持[6]，並認爲B男於臺灣有經常居所，依家事事件法第53條第1項第4款本文規定，原法院爲本件假扣押之本案管轄法院，抗告人A女即得向原法院提起本件假扣押之本案訴訟。依家事事件法第53條規定決定我國有國際審判管轄權後，應由我國之何法院管轄該事件，則依同法第52條土地管轄之規定判斷。又假扣押之聲請，由本案管轄法院或假扣押標的所在地之地方法院管轄，而本案管轄法院，爲訴訟已繫屬或應繫屬之第一審法院。民事訴訟法第524條第1項、第2項本文定有明文。此項規定，於涉外事件，並未違反當事人間之公平、裁判之正當與程序之迅速等原則，是就訴訟之本案在我國有管轄權，原則上應可認我國法院對保全本案之假扣押事件有國際裁判管轄權。

不過，對於再抗告人A女所提：「A已向美國喬治亞州GWINNET郡高等法院提起離婚暨夫妻剩餘財產分配之訴，待勝訴即應在臺灣進行強制執行，堪認日後有不能強制執行或甚難執行之虞」之理由方面，臺灣高等法院認爲：「民事訴訟法第523條第2項所謂「應在外國爲強制執行者，視爲有日後甚難執行之虞」，乃慮及債務人之財產均在外國，而外國非我國法權所及，將來對之聲請強制執行，困難甚多，爲解決債權人釋明之困難，而爲擬制之規定（最高法院102年度台抗字第716號裁定

---

[6] 臺灣高等法院103年家抗更(一)字第7號民事裁定。

參照），**是該條項所指「外國」係指我國司法權所不及之國家而言**。我國法院對於抗告人欲實施假扣押之相對人在臺灣之財產非無強制執行之權力，自與前開條項所指「應在外國為強制執行」之定義不符，更何況依民事訴訟法第402條及強制執行法第4條之1規定，外國法院之確定判決及裁定可認其效力並執行之，是則抗告人以其在美國法院提起本案訴訟，但美國法院就相對人於臺灣之財產無法強制執行，故相對人在臺灣之財產即屬該條項所謂「應在外國為強制執行者」，應視為有日後甚難執行之虞云云，顯無可採。」

因此，由於聲請假扣押「非有日後不能強制執行或甚難執行之虞者，不得為之」，且「請求及假扣押之原因應釋明之」，臺灣高等法院認為再抗告人A女並未對相對人B男有將移往遠方、隱匿財產之情事進行釋明，相對人B男之財產總額並無減少，其他財產亦足供強制執行，難謂有日後不能強制執行或甚難執行之虞等情事，因而裁定抗告人就假扣押之原因，未盡釋明之責，其假扣押之聲請，不應准許，將再抗告駁回。

肆、案件分析

上開最高法院與高等法院之裁定，值得進一步分析者，約有下列數端：

一、一般管轄（copmpétence générale）與特別管轄（compétence spéciale）

　　國內法上的管轄權概念，特別是土地管轄，與國際私法上的管轄權概念並不相同。國際私法上所討論的管轄權，並非僅以地理性因素作為管轄權有無之判斷基礎，有時即使案件與國家間無地理關係，國家仍有可能對於案件具備管轄權，例如以國籍，或當事人間之合意，作為國際私法上管轄權基礎的判斷。

　　因此傳統上，國際私法學者將管轄問題區分為「一般管轄」與「特別管轄」二種，用以表現與國內法所稱「管轄權」之差異[7]。一般管轄指的是某國家法院對於系爭涉外案件具有國際管轄權者，特別管轄則是指在確認某國家對系爭涉外案件有國際管轄權後，由該國之何地方法院受理管轄案件者[8]。

　　最高法院雖然在法律用語上不同（以「國際審判管轄權」代替「一般管轄」，以「土地管轄」代替「特別管轄」），但在概念上卻顯然接受了國際私法學上這種管轄權分類方式，而將家事事件法第53條第1項第4款本文規定，認為是一般管轄之規定，即「我國法院對該涉外婚姻事件有國際審判管轄權」，並進一步說明，「依家事事件法第53條規定決定我國有國際審判管轄權後，應由我國之何法院管轄該事件，則依同法第52條土地管轄之規定判斷」，即將家事事件法第52條，認為係特別管轄之規定。此一見解，殊值肯定。

---

[7]　馬漢寶，國際私法（總論、各論），第3版，翰蘆，2014年，頁187以下。
[8]　林恩瑋，同註3，頁20以下。

二、平行訴訟（parallel proceedings）的問題

　　最高法院同時也在裁定中特別強調，再抗告人A雖已向美國法院提起本案訴訟，惟根據民事訴訟法第182條之2之規定，A仍可向我國法院更行起訴，我國法院自亦不失為同法第524條第2項所稱之應繫屬法院。此一推論，在國際私法學上稱為平行訴訟問題。

　　在國際訴訟中，由於並無一個統一、至上的國際管轄權規範，各國法院對於系爭涉外案件是否具有國際管轄權，仍依照個別主義（particularisme）的原則，由各國自行依照其國內之國際管轄權規範判斷之。因此，在國際訴訟中，原則上無所謂訴訟合併的問題，各國按照其各自之程序規定，得就同一涉外案件分開平行地進行訴訟，且他國受理系爭涉外案件，並不影響內國法院對於系爭案件之國際管轄權存在[9]。

　　就本案而言，最高法院明確指出，雖然本案訴訟在美國提起，但因為國際管轄權問題之特殊性，使得平行訴訟現象依然可能發生，因此作為內國之中華民國法院並不會因為美國法院受理管轄本案訴訟，而失去對本案訴訟之國際管轄權，進而推論臺北地方法院即為民事訴訟法第524條所稱之「本案管轄法院」，並認為臺北地方法院對本件假扣押之聲請有國際管轄權。此一見解，洵為正確。

---

[9]　林恩瑋，國際私法上選購法院（forum shopping）問題之研究，東海大學法學研究，第47期，2015年12月，頁237-268參照。

三、本案訴訟我國法院有國際審判管轄權，對假扣押亦有國際裁判管轄權

　　根據民事訴訟法第524條第1項、第2項規定：「假扣押之聲請，由本案管轄法院或假扣押標的所在地之地方法院管轄。」「本案管轄法院，為訴訟已繫屬或應繫屬之第一審法院。」，最高法院因此認為，上開規定雖然是對國內假扣押程序之管轄規定，但於涉外案件中，亦可援用，「是就訴訟之本案在我國有管轄權，原則上應可認我國法院對保全本案之假扣押事件有國際裁判管轄權。」

　　民事訴訟法之所以規定假扣押之聲請由本案管轄法院管轄，主要著眼於保全程序的從屬性[10]。實則就立法體例而言，上開規定應僅針對國內保全程序之管轄，而不及於涉外保全程序之情形。而即使認為上開規定得適用於涉外保全程序，所謂「本案管轄法院」，解釋上亦應認為限於「中華民國法院」，亦即「為訴訟已繫屬或應繫屬之『中華民國』第一審法院」。因為當本案管轄法院為外國法院時，內國保全程序的從屬性將被弱化，於此情形內國保全程序之管轄所要考慮者，要為保全程序的實施是否對於債權人具有實效性的問題。

---

[10] 或稱「附屬性」、「附隨性」。一般來說，保全程序事件之特性具有暫定性、緊急性、從屬性及密行性，主要係為了確保終局執行為目的，屬於手段方法之性質，僅能依賴本案訴訟之存在始有意義。因此，民事保全裁定程序為從屬於本案訴訟程序之程序，這方面的特色，稱為從屬性。李木貴，同註1，頁10-36。

四、民事訴訟法第523條第2項應屬國內假扣押程序規定之條文

民事訴訟法第523條規定：「假扣押，非有日後不能強制執行或甚難執行之虞者，不得爲之。（第1項）應在外國爲強制執行者，視爲有日後甚難執行之虞。（第2項）」就條文文義，乍看之下本條規定似指只要我國法院就系爭涉外案件假扣押聲請有管轄權，縱使必須在外國強制執行，我國法院亦得爲命假扣押之裁定，實則這種說法似有誤解，上開條文第2項規定應被理解爲假扣押聲請之特別要件。良以假扣押程序之啓動，除需法院對系爭假扣押案件取得管轄權外，尙須具備保全的必要性要件。從而，此一保全的必要性要件（有效要件），與管轄權規定（合法要件）均作爲我國法院是否得命假扣押裁定之聲請要件[11]。假扣押之聲請僅符合管轄權規定者，尙不足以令法院命爲假扣押之裁定，如聲請人無法釋明非有日後不能強制執行或甚難執行之虞者，仍無從發動假扣押程序。民事訴訟法第523條第2項規定，僅係對於保全的必要性要件之擬制[12]，爲減少聲請人釋明困難之便宜規定爾。

進一步言，民事訴訟法第523條第2項應屬國內假扣押程序規定之條文，方法論上爲一單面法則式的立法規定，於涉外案件之場合，似無適用之餘地。因此，再抗告人A主張本案訴訟在美國提起，待勝訴即應在臺灣進行強制執行，依據上開條文規定，堪認日後有不能強制執行或甚難執行之虞，用以向我國法院

---

[11] 陳計男，民事訴訟法論（下），三民書局，2005年，頁438以下。

[12] 吳明軒，民事訴訟法（下冊），修訂8版，三民書局，2009年，頁1636以下。

聲請假扣押之見解，嗣後即受到臺灣高等法院糾正，認為「民事訴訟法第523條第2項所謂『應在外國為強制執行者，視為有日後甚難執行之虞』，乃慮及債務人之財產均在外國，而外國非我國法權所及，將來對之聲請強制執行，困難甚多，為解決債權人釋明之困難，而為擬制之規定（最高法院102年度台抗字第716號裁定參照），**是該條項所指「外國」係指我國司法權所不及之國家而言。**我國法院對於抗告人欲實施假扣押之相對人在臺灣之財產非無強制執行之權力，自與前開條項所指『應在外國為強制執行』之定義不符」云云，臺灣高等法院之見解，即在說明民事訴訟法第523條第2項係針對內國假扣押程序所為之規定，於涉外案件中，並無適用之餘地。

五、民事訴訟法第524條第2項所稱之「訴訟已繫屬或應繫屬之第一審法院」為外國法院時，我國法院對系爭案件之假扣押聲請仍非無國際管轄權

原則上，民事訴訟法第524條之管轄權規定應係針對內國假扣押案件而設，因此，該條第1項所稱「假扣押之聲請，由本案管轄法院或假扣押標的所在地之地方法院管轄。」其中「本案管轄法院」者，應理解為依據我國民事訴訟法土地管轄規定，對本案具有管轄權之法院。惟於涉外案件中，因為現行法欠缺涉外假扣押程序國際管轄權之明文規範，如欲類推適用上開規定以決定涉外假扣押法院之管轄權，則尚須依據現實狀況相應調整。

民事訴訟法第524條第2項規定：「本案管轄法院，為訴訟已繫屬或應繫屬之第一審法院。但訴訟現繫屬於第二審者，得以

第二審法院爲本案管轄法院。」則當本案訴訟之管轄法院，爲外國法院時，債權人（通常爲原告）如欲在我國法院提出假扣押聲請時，我國法院對之有無國際管轄權？

此一問題又可分爲兩種情形，第一種情形是依據我國法律規定，我國法院對本案亦有國際管轄權時，則產生國際訴訟管轄競合之問題。此時依據上開最高法院的見解，我國法院對本案仍有國際管轄權，不失爲訴訟應繫屬之法院，亦即本案管轄法院，因此即使債權人已在外國提起本案訴訟，類推適用上開民事訴訟法規定之結果，我國法院對債權人假扣押之聲請，仍有國際管轄權。

第二種情形則是我國法院對於本案無國際管轄權，僅外國法院對本案有國際管轄權時，則類推適用上開規定之結果，將視假扣押標的所在地是否位於我國境內，以決定我國法院對債權人假扣押之聲請是否有國際管轄權。立法上如2000年歐盟44/2001管轄及承認與執行民商事案件判決規則（一般譯稱爲「布魯塞爾規則Ⅰ」）第31條[13]、2004年ALI/UNIDROIT Principles of Transnational Civil Procedure第2.3條亦採取相同之觀點[14]，均准許於財產所在地得提起假扣押、假處分之請求，可資參考[15]。

---

[13] 英文版條文爲：「Application may be made to the courts of a Member State for such provisional, including protective, measures as may be available under the law of that State, even if, under this Regulation, the courts of another Member State have jurisdiction as to the substance of the matter.」

[14] 條文內容爲：「A court may grant provisional measures with respect to a person or to property in the territory of the forum state, even if the court does not have jurisdiction over the controversy.」

[15] 陳隆修，中國思想下的全球化管轄規則，五南圖書，2013年，頁197以下。

伍、結　論

　　綜上所述，在處理涉外假扣押案件的國際管轄權問題上，我國法院所遇到的困難主要在於明文法規的欠缺。因此，判斷受假扣押聲請之法院究竟有無國際管轄權，仍必須參考民事訴訟法上對於內國假扣押程序之管轄權相關規定，並予以適當修正，始能妥善解決涉外假扣押聲請之問題。

　　最高法院103年台抗字第1020號民事裁定對此一問題表達了明確的意見：家事事件法第53條第1項第4款本文規定，為「一般管轄」，亦即判斷我國法院對於假扣押之聲請有無國際管轄權；因為國際管轄權問題之特殊性，雖然本案訴訟在美國提起，作為內國之中華民國法院並不會因為美國法院受理管轄本案訴訟，而失去對本案訴訟之國際管轄權；如就訴訟之本案在我國有管轄權，原則上應可認我國法院對保全本案之假扣押事件有國際裁判管轄權等等。上開意見，符合國際私法學法理，殊值肯定。

　　進一步地說，縱使我國法院對於假扣押之本案無國際管轄權，僅外國法院對本案有國際管轄權時，則類推適用民事訴訟法第524條第1項之結果，將視假扣押標的所在地是否位於我國境內，以決定我國法院對債權人假扣押之聲請是否有國際管轄權。此一觀點，係著眼於假扣押聲請之實效性，亦與國際發展趨勢相符。

參考文獻

吳明軒，民事訴訟法（下冊），修訂8版，三民書局，2009年。

李木貴，民事訴訟法（下），元照，2010年。

林恩瑋，國際私法上選購法院（forum shopping）問題之研究，東海
　　大學法學研究，第47期，2015年12月。

林恩瑋，國際私法理論與案例研究，五南圖書，2013年。

馬漢寶，國際私法（總論、各論），第3版，翰蘆，2014年。

陳計男，民事訴訟法論（下），三民書局，2005年。

陳隆修，中國思想下的全球化管轄規則，五南圖書，2013年。

陳隆修，國際私法管轄權評論，五南圖書，1986年。

|第四章|
最近十年臺灣國際私法學研究
之新發展

壹、前　言

　　從歷史的觀點看來，臺灣國際私法的理論研究的開始，要較其他基礎法律學科來的晚些。這主要是因為在日治時期（西元1895年～1945年間），受到殖民政策的影響，日本政府刻意在高等教育上對於臺灣人進行差別待遇，以維護其官定意識型態，進行專制統治[1]。因此在此一階段中，臺灣的高等教育學校在法學教育過程進行中，始終未引進完整的國際私法理論，更遑論有任何屬於本土的國際私法理論體系的出現。

　　於日治時期1928年所設立的臺北帝國大學，在1946年改制為「國立臺灣大學」後，國民政府依照中華民國學制，將原政學科改劃為法學院，分設法律、政治、經濟等三個學系，國際私法才開始獨立為一門研究學科，在臺灣正式紮根。1946年後隨同國民政府來臺的中國大陸國際私法學者，例如洪應灶、翟楚、梅

仲協、何適等，均先後著述[2]，為臺灣的國際私法學理論播種紮根。隨著歷代臺灣國際私法學者的共同努力，臺灣國際私法理論始在此基礎上逐漸萌芽。

　　整個臺灣國際私法理論的輪廓，應該是直到馬漢寶教授於1964年出版「國際私法總論」乙書後，始見清晰。馬漢寶教授對於臺灣國際私法理論的貢獻，在臺灣法學史上有著毫無疑問的歷史地位[3]。之後的1970年代到1990年代，隨著旅外學者陸續回臺，例如柯澤東[4]、曾陳明汝、劉鐵錚、陳長文、陳隆修[5]、王志文等教授，先後帶回歐美最新國際私法理論，將臺灣國際私法學的研究又提升到另外一個階段。

　　1990年代開始，隨著本土國際私法學研究的向下紮根，以及與中國大陸國際私法學界的頻繁往來，這時期的臺灣國際私法

---

[2] 梅仲協著有「國際私法」（1945年）及「國際私法新論」（1974年），洪應灶著有「國際私法」（1954年第1版），翟楚著有「國際私法綱要」（1959年），何適著有「國際私法」（1964年）。

[3] 馬漢寶教授並對於現行臺灣法院處理國際私法案件之步驟，做了非常明確的建議。目前臺灣各級法院在處理涉外案件程序上，均係以馬漢寶教授所建議之步驟，進行涉外案件之法律適用。參考馬漢寶，談國際私法案件之處理，軍法專刊，第28卷第11期，1982年11月，頁3-8。

[4] 柯澤東教授（1937-2016）為法國巴黎大學法學博士，1975年開始任職於臺灣大學法律系，講授國際私法科目，為首位引進特徵性履行（characteristic performance）及即刻適用法（loi d'application immédiate）概念於臺灣國際私法學界者。柯澤東，從國際私法方法論探討契約準據法發展新趨勢——並略評兩岸現行法，臺灣大學法學論叢，第23卷第1期，1993年12月，頁277。

[5] 陳隆修教授為英國倫敦政經學院法學博士，1981年起任職於東海大學法律系，講授國際私法科目，為臺灣第一位系統性引入美國國際私法新理論的法律學者，其專書著作計有國際私法契約評論、國際私法管轄權評論、美國國際私法新理論、比較國際私法、國際私法選法理論之回顧與展望、2005年海牙法院選擇公約評析、國際私法：管轄與選法理論之交錯等書。其中國際私法管轄權評論一書，為全世界第一部系統性介紹英美國際管轄權案例的中文書籍。

學界呈現進一步的深化，並且將原來國際私法的研究範圍更加擴張，豐富了臺灣國際私法學的內容。這時期的李復甸、賴來焜[6]、林益山、徐慧怡、陳榮傳、李後政等教授均厚植了臺灣國際私法學研究，並且為將來的涉外民事法律適用法修正方向提供了重要的理論基礎。

新的世紀開始後，隨著年輕學者不斷投入，臺灣國際私法學研究亦有多有新的風貌出現。本文之目的，即在於簡介最近十年來（2007～2016）臺灣國際私法學研究之最新發展，以供有志比較研究臺灣國際私法學理論者之參考。以下即分別以近年來臺灣國際私法學研究範圍的變化（標題貳以下）、研究之方法（標題參以下）及研究之基礎（標題肆以下）等，為進一步之說明。

貳、研究範圍的擴大

觀察最近十年臺灣國際私法學研究的變遷，首先是研究範圍的擴大，已非僅侷限於「法律衝突」領域的討論。近年來，臺灣國際私法學者進一步將研究的觸角擴張到「管轄衝突」領域，並且試圖將國際私法學上的衝突法則理論運用到區域法律衝突的問題上（標題一以下說明），特別是涉及到臺灣地區與大陸地區的

---

[6] 賴來焜教授為臺灣政治大學法學博士，先後於東海大學、東吳大學、中正大學、世新大學、銘傳大學、實踐大學及文化大學等校授課，擔任國際私法講座，並擔任過武漢大學博士口試委員、國際私法研究所訪問學者，活躍於兩岸國際私法學術交流之間。

法律衝突問題（標題二以下說明）。

一、從法律衝突到管轄衝突

　　無論是英美法系或是大陸法系的國際私法研究者，傳統上認為國際私法的研究客體，主要為管轄權的確認、準據法的選擇以及承認與強制執行外國法院的判決三個部門。大陸法系以法國為例，國際私法的經典教科書將此三個部門化約為「法律衝突」與「管轄衝突」二部分討論[7]。英美法系以英國為例，上開三個部門亦多為該國之國際私法經典教科書聚焦之所在。

　　早期臺灣國際私法學者，在國際私法的定義上，多採取較為狹義的定義方式。而採取這種狹義的定義方式，往往也限定了國際私法學的研究客體範圍。例如梅仲協教授認為，國際私法乃「規定內外國私法適用區域之法則也。」並認為「國際私法，原以外國人享有一定之權利保護為前提，欲完成其所享有之權利保護，則不能不闡明期可得適用之法則，因此而促成國際私法之發達焉。」因此氏作「國際私法新論」一書，乃以法律衝突及外國人之地位作為研究之重心。又如洪應灶教授，認為「國際私法者，乃對涉外法律關係，就內外國之法院或法律，決定由何國法院管轄或適用何國法律之法則也。」而其著作「國際私法」一書，亦僅以法律衝突作為主要研究之客體。

　　依據馬漢寶教授對國際私法學科所下之定義，認為「國際私

---

[7]　實則法國學者將管轄衝突問題區分為直接管轄與間接管轄問題，關於管轄權的確認，為直接管轄（compétence directe）問題，而承認與強制執行外國法院的判決，則為間接管轄（compétence indirecte）之問題。

法者，對於涉外案件，就內外國之法律，決定其應適用何國法律之法則也。」因此國際私法之研究對象為涉外案件，其功用在對涉外案件，決定其應適用何國之法律。而關於管轄衝突的部分，馬漢寶教授進一步解釋：「內外國法院管轄權之限定，與內外國私法之衝突，究屬兩事。前者與外國私法判決之承認或執行，同為民事訴訟法上之問題。因是，德國及瑞士學者多主張另立國際民事訴訟法之專門科目，以從事此類問題之研究，此亦為本書所以未將管轄權列入國際私法定義內之主要原故[8]。」

　　相較於法律衝突，長久以來臺灣國際私法學者對於管轄衝突的問題較少有文章討論。但這個情形在最近十年則有了一些改變。越來越多的臺灣國際私法學者對於管轄衝突的問題開始進行研究，不但期刊論文成果豐庶，更有專書對之加以討論。這一系列的研究，包括了國際管轄權的標準與決定問題[9]、國際管轄權積極衝突的問題[10]、國際管轄權標準比較研究的問題[11]、涉外民

---

[8]　不過，雖然馬漢寶教授在定義上並未將管轄衝突的概念納入，在其著作中仍然花了相當的篇幅撰寫並介紹國際管轄權之概念，並明確界定了「管轄權確定（直接管轄）」與「外國判決承認與執行（間接管轄）」二項不同的觀念。

[9]　例如張銘晃，國際裁判管轄決定論—從總論方法評述我國實務現狀，法官協會雜誌，第13期，2011年12月，頁172-204；許兆慶，國際信託之國際裁判管轄，東海大學法學研究，第31期，2009年12月，頁241-297；陳隆修，父母責任、管轄規則與實體法方法論相關議題評析，東海大學法學研究，第25期，2006年12月，頁191-323。

[10]　例如許兆慶，國際私法上「不便利法庭」原則之最新發展—以美國聯邦最高法院Sinochem International Co. Ltd. v. Malaysia International Shipping Corporation案為中心，中華國際法與超國界法評論，第4卷第2期，2008年12月，頁525-557；陳啓垂，訴訟繫屬於外國法院，月旦民商法雜誌，第41期，2013年9月，頁52-75；蔡華凱，我國具有國際裁判管轄權？—論臺美間爭奪子女事件，中華國際法與超國界法評論，第3卷2期，2007年12月，頁223-258。

[11]　例如何佳芳，日本民事訴訟法中國際裁判管轄之立法芻議與對我國之借鏡，臺

事保全程序問題[12]以及外國法院確定判決之承認與執行問題[13]。

　　在專書論述方面，最近十年與管轄衝突相關的著作亦相當
豐富，分別有李後政所著的「國際民事訴訟法論」[14]、黃國昌所
著的「國際民事管轄權之理論與實務」[15]、陳榮傳所著的「國際
私法實用：涉外民事案例研析」[16]、林恩瑋所著的「國際私法理
論與案例研究」[17]、陳隆修所著的「中國思想下的全球化管轄規
則」[18]、「2005年海牙法院選擇公約評析」[19]及與其他學者共著
之「國際私法：管轄與選法理論之交錯」[20]、「國際私法：國際

灣法學雜誌，第135期，2009年9月，頁21-58；陳隆修，2005年海牙《選擇法院協議公約》—是福還是禍？，中國國際私法與比較法刊，第12期，2009年10月，頁3-28；許耀明，2005海牙合意管轄公約述評，玄奘法律學報，第10期2008年12月，頁37-74；江雅綺，論歐盟國際私法規則的統一——以國際民事管轄權為例，臺灣國際法季刊，第4卷4期，2007年12月，頁65-93。

[12] 例如蔡華凱，涉外民事保全程序之基礎問題研究，月旦法學雜誌，第214期，2013年3月，頁162-192。

[13] 例如林恩瑋，國際私法上外國懲罰性賠償金判決之承認—以臺灣實務裁判為中心，法學叢刊，第56卷3期，2011年7月，頁137-160；謝哲勝，外國懲罰性賠償判決許可執行，中華國際法與超國界法評論，第7卷2期，2011年12月，頁233-265；徐美貞，外國離婚判決承認與執行—兼論最高法院96年台上字第582號判決，真理財經法學，第14期，2015年3月，頁79-102；沈冠伶，親權及交付子女事件之外國裁判的承認及執行與「未成年子女最佳利益保護」原則，臺灣本土法學雜誌，第84期，2006年7月，頁94-105。

[14] 李後政，國際民事訴訟法論，增訂第3版，五南圖書，2015年。

[15] 黃國昌，國際民事管轄權之理論與實務，元照，2009年。

[16] 陳榮傳，國際私法實用：涉外民事案例研析，五南圖書，2015年。

[17] 林恩瑋，國際私法理論與案例研究，五南圖書，2013年。

[18] 陳隆修，中國思想下的全球化管轄規則，五南圖書，2013年。

[19] 陳隆修，2005年海牙法院選擇公約評析，五南圖書，2009年。

[20] 李瑞生；陳隆修；許兆慶；林恩瑋，國際私法：管轄與選法理論之交錯，五南圖書，2009年。

程序法新視界」²¹等，均涉及到國際管轄權領域之研究議題。

二、從國際私法問題到區際私法問題

　　從研究法律衝突的維度來看，臺灣國際私法研究也從過去集中研究不同國家間之法律衝突問題，擴展到研究不同法域間之法律衝突問題。其中在近年來最受臺灣國際私法學界討論者，為大陸地區與臺灣地區之民事法律衝突問題。

　　臺灣自從1987年開放探親政策以來，1990年設立財團法人海峽交流基金會（簡稱「海基會」），作為臺灣對於中國處理兩岸事務之主要民間對口機構²²。1993年兩岸在辜振甫、汪道涵等人領導與努力下，於新加坡開啓第一次會談，簽署「兩岸公證書使用查證協議」及「兩岸掛號函件查詢、補償事宜協議」、「兩會聯繫與會談制度協議」及「會談共同協議」等²³。之後又陸續於1994年由焦仁和、唐樹備主導，於北京進行事務性會談，訂定「兩會商定會務人員入出境往來便利辦法」²⁴；2008年

---

²¹ 陳隆修；許兆慶；宋連斌，國際私法：國際程序法新視界，五南圖書，2011年。

²² 在此之前民間團體接觸有紅十字會，1980年兩岸紅十字會曾就海上遣返問題相互簽署金門協議。海基會則係依據「臺灣地區與大陸地區人民關係條例」（以下簡稱「兩岸人民關係條例」）第4條「行政院得設立或指定機構處理臺灣地區人民與大陸地區人民往來有關之事務」規定設立，其主管機關為行政院大陸委員會（以下簡稱「陸委會」）。

²³ 上開協議内容可參考陸委會網站：http://www.mac.gov.tw/lp.asp?CtNode=5663&CtUnit=3956&BaseDSD=53&mp=1，最後瀏覽日：2017年1月13日。

²⁴ 參考網站：http://www.mac.gov.tw/ct.asp?xItem=62567&ctNode=5663&mp=1，最後瀏覽日：2017年1月13日。

由江丙坤、陳雲林主導下先後又進行數次會談[25]，簽署「海峽兩岸包機會談紀要」、「海峽兩岸空運協議」、「海峽兩岸海運協議」、「海峽兩岸郵政協議」、「食品安全協議」、「海峽兩岸金融合作協議」、「海峽兩岸空運補充協議」、「海峽兩岸共同打擊犯罪及司法互助協議」、「兩岸經濟合作架構協議」[26]、「兩岸智慧財產權保護協議」、「海峽兩岸核電安全合作協議」、「海峽兩岸醫藥衛生合作協議」、「海峽兩岸投資保障和促進協議」、「海峽兩岸海關合作協議」與「海峽兩岸服務貿易協議」等。

　　從上述眾多的會談與協議經驗中，可以觀察到幾個重點：首先，兩岸在會談的重點上，**從早期的事務性談判，逐步進展為制度性合作**。例如90年代的兩岸會談重點多集中在於掛號函件查詢與補償、公證書使用與查證等問題上。到了2008年後會談則偏重於制度上的互助合作關係，例如前述的「海峽兩岸共同打擊犯罪及司法互助協議」、「兩岸經濟合作架構協議」與「兩岸智慧財產權保護協議」均屬於這種類型。其次，**兩岸在協議先行的原則下，為了執行協議的內容，臺灣行政機關通常會以發布後續的行政命令方式予以配合**。亦即先將協議作為整體法制的框架，在彼此獲得大原則與方向上的共識後，行政機關再配合協議

---

[25] 又稱為「江陳會談」，截至2012年8月10日為止，已經進行共八次江陳會談。相關協議內容請參考海基會網站：http://www.sef.org.tw/lp.asp?CtNode= 4306&CtUnit=2541&BaseDSD=21&mp=19，最後瀏覽日：2017年1月13日。

[26] 英文The Economic Cooperation Framework Agreement，縮寫即一般所稱之ECFA。相關內容參考陸委會網站：http://www.mac.gov.tw/lp.asp?ctNode= 6744&CtUnit=4711&BaseDSD=7&mp=111，最後瀏覽日：2017年1月13日。

原則進行執行上的規範[27]。值得說明的是，這些以協議成果所發布的法規，其位階均爲行政命令，以法律形式立法確認兩岸協議成果者，目前爲止還沒有出現[28]。

與程序性事務相比，在兩岸人民民事實體法律關係部分，迄今兩岸尚無一個統一的實體法規。事實上，在歷次兩岸會談的議題中，亦從未就此一部分進行協商與討論[29]。因此，目前存在的現狀是，兩岸法院各自以其統治管轄區域內單方面所發布的法令處理兩岸人民民事事件[30]。在臺灣方面，規範兩岸人民民事實體法律關係的實定法主要爲1992年制定之**臺灣地區與大陸地區人民關係條例**（以下簡稱「兩岸人民關係條例」）。依照這個法律，兩岸民事事件問題被定性爲區際衝突法律問題，而非國際衝

---

[27] 兩岸協議上對於具體配合執行的規範並未進行討論，僅針對大方向及原則做出決定。例如兩岸會談在簽署海峽兩岸共同打擊犯罪及司法互助協議後，法務部即制定海峽兩岸犯罪情資交換作業要點、海峽兩岸緝捕遣返刑事犯或刑事嫌疑犯作業要點、海峽兩岸罪犯接返作業要點、海峽兩岸調查取證及罪贓移交作業要點、海峽兩岸送達文書作業要點等行政規則做爲因應。

[28] 這些行政命令大多爲授權命令，主要法源依據爲兩岸人民關係條例（亦有明定係爲有效執行兩岸某協議內容而制定者）。兩岸事務之所以均爲行政命令位階，或許是因爲如果這些事務要經由立法機關通過，將可能耗時過長，並且特定議題上立法委員間難以協調所致。且不論這些行政命令可能直接或間接涉及到人民基本權利保障，是否適合以行政命令規範之問題，至少這種立法上的現實，足以體現兩岸在法制的磨合上仍須待相當的時期。

[29] 根據全國法規資料庫臺灣方面關於大陸地區的事務性法規（行政命令），目前仍有效施行者約七十餘種。

[30] 目前大陸地區尚無針對臺灣地區制定相關區際法律衝突之單行法規，即以最近發布的「最高人民法院關於適用「中華人民共和國涉外民事關係法律適用法」若干問題的解釋(一)」，其中第19條亦僅規定「涉及香港特別行政區、澳門特別行政區的民事關系的法律適用問題，參照适用本規定。」，並未將適用範圍擴張至臺灣地區，亦未就大陸地區與臺灣地區之國際法律衝突規範進行任何指示。

突法律問題[31]。在這種區際衝突法律問題上[32]，兩岸人民之民事法律紛爭問題被部分學者稱為「涉陸事件」，以區別國際法律衝突問題之「涉外事件」[33]。

　　從1993年兩岸人民關係條例制定以來，與國際私法的研究數量相比，相關區際私法的研究數量要少的多。不過最近十年卻有一些變化。針對兩岸人民關係條例的司法互助、結婚、離婚、收養與繼承等相關規定的檢討與研究[34]，以及大陸地區法律

---

[31] 兩岸之間之政治實體關係並非聯邦，在各自地區之上亦不存在共同之基本法（憲法），故與傳統一主權國家下複數法域法律衝突之型態有別，兩岸亦非屬於聯邦式的區際法律衝突（conflits interfédéraux），具有特殊性，參賴來焜，國際私法中區際法律衝突之研究，馬漢寶教授八秩華誕祝壽論文集，法律哲理與制度：國際私法，元照，2006年，頁429以下。無論如何，兩岸民事事件被定性為區際衝突法律問題，這幾乎是目前臺灣學者的主流意見，依據兩岸人民關係條例的內容觀之，第1條明文指出：「國家統一前，為確保臺灣地區安全與民眾福祉，規範臺灣地區與大陸地區人民之往來，並處理衍生之法律事件，特制定本條例。」顯見兩岸民事法律關係不同於一般涉外民事法律關係，劉鐵錚、陳榮傳兩位教授在其合著中亦指出，「我國國際私法的發生，原是因國家分裂後、統一前，我國境內同時存在二個地區的不同法律，為解決究應適用那一地區的法律的問題，而發展出來的一套規則。」參考劉鐵錚、陳榮傳，國際私法論，三民書局，2010年，頁737。再自中華民國憲法增修條文規定內容觀之，其亦將國家統一前區域分為「自由地區」與「大陸地區」二者，顯見從實定法的脈絡來看，在現行臺灣法制的架構下，兩岸法律衝突問題定性為區際法律衝突問題，似較為符合立法者之原意。

[32] 或有學者稱之為準國際私法問題，例如梅仲協，國際私法新論，三民書局，1990年，頁61以下參照。

[33] 參伍偉華，臺灣涉陸確認婚姻無效訴訟之區際衝突法，賴來焜編，2007兩岸國際私法研討會論文集，元照，2008年，頁147-174；伍偉華，涉陸婚姻事件之區際管轄與法律適用，法學叢刊，第232期，2013年10月，頁89-133。事實上此一用語似未被實務採用，本文查詢法源法律網，以關鍵字「涉陸事件」搜尋，並無判決或裁定出現。

[34] 伍偉華，兩岸司法互助和交流機制—以避免兩岸雙重訴訟（平行訴訟）、文書送達、調查取證、裁判文書認可等問題為中心，刑事法雜誌，第56卷第6期，

之證明與適用等問題研究開始陸續出現[35]，而其中引起最多討論
的，則是兩岸人民關係條例第74條，關於承認與執行大陸地區
確定裁判的問題。

　　由於兩岸人民關係條例第74條規定：「在大陸地區作成之
民事確定裁判、民事仲裁判斷，不違背臺灣地區公共秩序或善良
風俗者，得聲請法院裁定認可（第1項）。前項經法院裁定認可
之裁判或判斷，以給付爲內容者，得爲執行名義（第2項）。」
臺灣最高法院認爲立法上係採「裁定認可制」，而與民事訴訟法
第402條對外國法院確定判決採「自動承認制」不同。故大陸地
區之確定判決與臺灣法院許可之裁定，同屬於強制執行法第4條
第1項第6款之「其他依法律之規定，得爲強制執行名義者」，
亦即「無與確定判決同一之效力」之執行名義[36]。如此見解，將

2012年12月，頁71-101；伍偉華，視訊會面交往—美國家事法探視權之借鏡，
法令月刊，第65卷第4期，2014年4月，頁61-96；王國治，從東西德國法律衝突
論臺灣、香港、澳門與大陸地區衝突法，臺灣海洋法學報，第5卷第2期，2006
年12月，頁207-263；林益山，兩岸收養法制之比較評析與衝突解決之研究，中
央警察大學法學論集，第18期，2010年4月，頁217-281；陳榮傳，涉外假結婚
的事實認定及法律適用，月旦法學雜誌，第182期，2010年7月，頁287-299；林
恩瑋，涉陸婚姻事件之法律適用問題研究，東海大學法學研究，第42期，2014
年4月，頁213-251；陳榮傳，涉外與涉陸收養準據法之研究，臺北大學法學論
叢，第66期，2008年6月，頁139-181。

[35] 伍偉華，大陸地區法律之證明及適用，法學新論，第12期，2009年7月，頁87-
111。

[36] 所謂執行名義，即許可爲強制執行之公文書。強制執行法第4條第1項規定了這
些執行名義的種類：「強制執行，依左列執行名義爲之：一、確定之終局判
決。二、假扣押、假處分、假執行之裁判及其他依民事訴訟法得爲強制執行之
裁判。三、依民事訴訟法成立之和解或調解。四、依公證法規定得爲強制執行
之公證書。五、抵押權人或質權人，爲拍賣抵押物或質物之聲請，經法院爲許
可強制執行之裁定者。六、其他依法律之規定，得爲強制執行名義者。」

使得大陸地區確定判決成為「有執行力，無既判力」的特殊性質，債務人得於判決確定後，在臺灣法院再事爭執，提起「債務人異議之訴」對抗獲得勝訴確定判決債權人。這種見解目前為臺灣最高法院所採，而臺灣國際私法學者幾乎大多數均反對之[37]。

參、研究方法的更新

在研究方法方面，近十年來臺灣國際私法學者所採用的研究方法亦漸有改變。早期臺灣國際私法研究著重在於外國理論的引介，因此對於如何結合民事程序規範與建立本土國際私法理論基礎的研究並不多見。但近年來由於涉外案件數量的增加，加以本

---

[37] 相關參考文獻，反對最高法院見解，見劉昌坪，從憲法角度檢視臺灣地區與大陸地區人民關係條例第七四條規定—最高法院九十六年度台上字第二五三一號、九十七年度台上字第二三七六號判決評釋，月旦裁判時報，第20期，2013年4月，頁88-99；伍偉華，經臺灣法院裁定認可確定之大陸民事確定裁判及仲裁判斷是否有既判力？—最高法院96年度台上字第2531號判決、97年度台上字第2376號判決之分析，國立臺灣大學法學論叢，第38卷第4期，2009年12月，頁385-442；張文郁，論大陸判決之承認—兼評最高法院九十六年度台上字第二五三一號判決和九十七年度台上字第二三七六號民事判決，月旦法學雜誌，第178期，2010年3月，頁246-257；伍偉華，經臺灣法院裁定認可確定之大陸仲裁判斷是否有既判力？—最高法院97年度台上字第2258號判決等見解之分析，仲裁，第88期，2009年6月，頁66-86；姜世明，大陸地區民事確定判決之承認與執行—評最高法院九六年台上字第二五三一號民事判決，臺灣法學雜誌，第123期，2009年3月，頁37-48；贊成見解，見黃國昌，一個美麗的錯誤：裁定認可之中國大陸判決有無既判力？—評最高法院九十六年度台上字第二五三一號判決，月旦法學雜誌，第167期，2009年4月，頁186-203；王欽彥，中國大陸人民法院判決效力之承認與憲法之訴訟權保障，成大法學，第23期，2012年6月，頁83-139；吳光陸，從案例研究大陸地區判決在臺灣地區強制執行之救濟，法令月刊，第61卷第7期，2010年7月，頁89-110。

土國際私法理論基礎已臻成熟，使得臺灣國際私法學所採用的研究方法有了很大的不同，主要特徵表現在於比較法研究的拓深（標題一以下）以及案例研究分析的興起（標題二以下）二個方面。

一、單純引介外國理論研究減少

如前所述，臺灣國際私法學的理論建築基礎主要是西歐（尤其是德、法二國）的國際私法學說，1980年代開始引進美國國際私法新理論[38]，並且因此影響到2010年的涉外民事法律適用法修正（下稱「新涉民法」）[39]。早期關於外國理論的國際私法作品，多為引介性文章，主要的原因是當時臺灣內部法制尚在發展階段，相關涉外民事案件資料並不豐富。而歷經數十年的累積後，臺灣國際私法學者漸漸意識到，僅單純引介外國理論尚不足以影響司法實務在涉外案件上的法律選擇操作。近十年來的臺灣國際私法學研究，單純引介與繼受外國理論的作品逐漸漸淡出，代之而起的為比較法方法論的研究。

相關的作品，例如引進國外所討論之選購法院（forum

---

[38] 該時期相關著作，例如陳隆修，美國國際私法新理論，五南圖書，1987年；陳長文，國際私法方法論之回顧與展望（上）（下），法令月刊，第35卷第6、第7期，1984年7月、8月，頁6；頁5。

[39] 例如新涉民法第25條修正說明：「現行條文第九條就因侵權行為而生之債，原則上採侵權行為地法主義，但有時發生不合理之結果。爰參考奧地利國際私法第四十八條第一項、德國民法施行法第四十一條等立法例之精神，酌採最重要牽連關係理論，於但書規定另有關係最切之法律者，依該法律，以濟其窮，並配合刪除第二項之規定。」顯然採用了美國最重要牽連係理論作為例外適用的衝突法則。

shopping）問題，以對照比較臺灣法制上國際管轄權之分配規定[40]；就契約準據法發展趨勢，分析比較多國之法制上規定之異同[41]；介紹歐盟統一國際私法的相關發展，作為建立臺灣法制上國際管轄權標準及選法規則之參考[42]；以及引介外國關於衝突法則之最新立法趨勢，並將之與臺灣國際私法立法法制相互比較[43]等研究，均採用了比較法學的研究方式，深入比較並分析了外國國際私法法制與臺灣法制間的異同。

---

[40] 林恩瑋，國際私法上選購法院（forum shopping）問題之研究，東海大學法學研究，第47期，2015年12月，頁237-268。

[41] 謝志鵬，一九九九年德國國際私法有關非法契約之債法律關係新法規與我國修正草案相關條文之比較，政大法學評論，第100期，2007年12月，頁325-375；許耀明，法國國際私法上之國際管轄權決定原則—以涉外勞動契約之國際管轄權決定為例，興大法學，第1期，2007年5月，頁119-157。

[42] 許耀明，歐盟國際私法之發展與其對國際法秩序之影響：以歐盟於盧加諾公約與海牙國際私法會議之參與為例，歐美研究，第44卷第3期，2014年9月，頁359-414；許耀明，繼承準據法：歐盟650/2012號規則對於兩岸國際私法之啟示，月旦財經法雜誌，第34期，2014年5月，頁167-187；許耀明，兩岸新國際私法典中關於離婚準據法之規定與省思—兼論歐盟羅馬規則Ⅲ，月旦民商法雜誌，第35期，2012年3月，頁89-109；林恩瑋，國際私法上締約過失問題之研究：以歐盟2007年7月11日第864/2007號關於非契約之債準據法規則（羅馬二號規則）為例，財產法暨經濟法，第25期，2011年3月，頁1-28。

[43] 何佳芳，日本新國際私法之侵權行為準據法—兼論我國涉外民事法律適用法及其修正草案之相關條文，法學新論，第2期，2008年9月，頁21-47；許耀明，「家」的解構與重構：從法國、德國、比利時與歐盟層次新近法制談」異性婚姻」外之其他共同生活關係，東海大學法學研究，第25期，2006年12月，頁75-119；蔡晶瑩，外國法適用之限制—臺灣涉外民事法律適用法第二五條以及德國民法施行法第六條之規定，月旦民商法雜誌，第14期，2006年12月，頁137-147；吳光平，國際私法上侵權行為準據法立法新趨勢與東亞諸國侵權行為準據法之改革，國立中正大學法學集刊，第50期，2016年1月，頁113-180。

二、案例研究分析潮流

　　另一種值得注意的研究方法潮流，也在近年於臺灣國際私法學中逐漸被重視，即所謂「案例研究分析（Case Study Analysis）」方法。不同於以往，近年來臺灣國際私法學者的作品明顯不以說明國際私法基礎理論的相關立法發展為已足，越來越多的文章針對法院的實務判決，特別是對於最高法院在涉外案件中關於國際管轄權與選法規則等問題的推論與意見提出批判[44]。

　　一般的國際私法案例研究方式分為幾個部分，首先是整理案情摘要，說明當事人在各個審級中所提出的推論與見解，其次為說明爭點，以點出將要進一步研究的議題；接著進行各審級法院意見的整理，其中最高法院的意見因為對下級審法院具有事實上

---

[44] 例如蔡華凱，國際私法上之繼承與遺囑—以最高法院一〇二年度台上字第三九二號民事判決為例，月旦裁判時報，第26期，2014年4月，頁33-43；許耀明，涉外侵權行為之準據法、時際法與三論選法規則之強行性—最高法院一〇二年度台上字第九〇號判決評釋，月旦裁判時報，第24期，2013年12月，頁21-26；吳光平，國際合意管轄之效果—從最高法院一〇一年度台抗字第二五九號裁定談起，月旦法學雜誌，第220期，2013年9月，頁289-300；吳光平，涉外專利權侵害之法律適用—智慧財產法院一〇〇年度民專上字第二一號民事判決評析，月旦法學雜誌，第218期，2013年7月，頁196-208；王海南，由涉外婚姻事件定性方法評臺灣臺南地方法院九十二年度家訴字第八號民事判決，月旦裁判時報，第21期，2013年6月，頁21-30；許耀明，外國判決之承認與執行—最高法院97年台上第835號判決與相關判決述評，月旦法學教室，第127期，2013年5月，頁33-35；吳光平，涉外勞動契約與資遣費請求之法律適用—從最高法院九十九年度台上字第一〇九號判決談起，月旦法學雜誌，第207期，2012年8月，頁217-230；林恩瑋，國際私法上外國懲罰性賠償金判決之承認—以臺灣實務裁判為中心，法學叢刊，第56卷第3期，2011年7月，頁137-160；林恩瑋，國際私法上「分割爭點（issue-by-issue）」方法之適用—以最高法院兩則判決為中心，政大法學評論，第119期，2011年2月，頁151-187。

的拘束力，並且為法院適用法律的最終見解，故往往成為案例分析中的批判焦點，最後則是理論的整理與案件的法律適用意見，並以結論簡短勾勒案例分析的推論重點。

　　在專書論述方面，最近十年臺灣國際私法學界亦出版了數本案例研究分析的作品，例如陳榮傳教授的「國際私法實用：涉外民事案例研析」，林恩瑋教授的「國際私法理論與案例研究」以及賴淳良法官主編的「國際私法裁判選析」[45]。值得一提的是後者為首次臺灣國際私法學者與實務工作者間相互合作、整理分析案例下的作品，全書作者共有十人，挑選31個代表性案例，內容以實務判決之事實概要及裁判要旨之評析與討論為主，可謂為臺灣國際私法學立下了新里程碑。

肆、研究基礎的反省

　　在研究基礎上，最近十年臺灣國際私法學已開始從植基於西方價值的國際私法理論基礎（標題一以下），而轉向尋求東方價值的國際私法理論基礎（標題二以下）。以下即分別說明此一研究基礎轉向的情形。

一、擺脫外國理論及眼界的束縛

　　不可諱言的是，傳統上臺灣國際私法學的理論基礎與大陸法系的「薩維尼式（la méthode savignienne）」是相一致

---

[45] 賴淳良主編，吳光平副主編，國際私法裁判選析，元照，2016年。

的。建築在連繫因素（connecting factors）理論上的衝突法則，在臺灣一直到1990年代仍然獨領風騷[46]。然而，在1980年代中期，隨著美國新選法理論的引介，屬於彈性選法規則的「功能性選法理論（Functional Approach）」、「政府利益分析理論（Government Interest Analysis）」、「比較損害方式（Comparative Impairment Approach）」、「較佳法則理論（Better Law theory）」與「最重要牽連理論」等先後引起臺灣國際私法學者間的討論，也漸漸鬆動了原來衝突法則的理論根基。此後，究竟在研究基礎上應當採取大陸法系視野，還是要採取美國新選法理論的視野，一直糾結著臺灣國際私法學界，間接也影響了2010年修訂的涉外民事法律適用法。

在這兩股外國國際私法理論的潮流之外，陳隆修教授首先在1980年代提出「主要價值」理論，可謂另闢蹊徑，並試圖擺脫原來「選法穩定性、可預見性」與「個案正義維護」之二難局面。主要價值理論主張以最足以表彰系爭案件法律類型之社會共同價值，作為該案件判決之最終準據與指導原則。例如在考慮「因被詐欺或被脅迫所為意思表示」之法律效力時，無論是何國法律，應該均能同意被詐欺者或被脅迫者之權利應受到保護；又如在侵權行為案件中，侵權行為損害賠償的重心，已經由傳統的「損失移轉（loss-shifting）」趨向「損失分擔」（loss-spreading），因此「給予被害人迅速合理之賠償或補償」這樣的價值，應該可以適用於該類型案件中，依循此一原則所作成的

---

[46] 這種看法大約在九十年代末達到高峰，參考賴來焜，當代國際私法學之基礎理論—建立以「連結因素」為中心之理論體系，自刊，2001年。

判決，應當也可以爲世界各國所接受。

隨著主要價值理論的提出，臺灣國際私法學者在這個基礎上發展各自不同的理論，例如「連繫因素實體化理論」，主張落實主要價值的方法，除了在立法尚能於現有法律體系中指出早已事實上存在（de facto）的各該法律類型之社會共同價值外，法院亦須能於承審涉外案件時，適度公開其社會共同價值之心證，以將原屬隱含性質的社會共同價值一一體現。在大陸法系選法規則模式下，具體操作主要價值的方法，即以主要價值取代假設爲關係密切之抽象預設的連繫因素。由於這是以實體法價值與方法取代原來的連繫因素與衝突法則，因此名之爲連繫因素實體化理論[47]。

又如「開放方式選法理論」[48]，也與主要價值理論相關。其主張選法理論的提出，目的在於定紛止爭。當法官藉由各種選法理論所提供的方法，尋找出解決訴訟案件紛爭最適當的法規時，並無理由阻止當事人對於如何選擇最佳的解決方案提供意見的可能。透過選法程序的開放，使得當事人能夠因此「甘服判決」，那麼這種作法就能夠保證案件所牽涉之各國法律秩序間具備相當程度的穩定性，並且對於法院判決的執行面上亦將有相當之助益[49]。使當事人「甘服判決」的意義，可以從兩個角度去持

---

[47] 許兆慶，國際私法連繫因素實體化簡析，文章收錄於許兆慶主編，吳光平助編，國際私法論文選輯，翰蘆，2005年，頁51-90。

[48] 林恩瑋，開放方式的選法理論，東海大學法學研究，第27期，2007年12月，頁115-150。

[49] 誠如學者指出，「歷來實務驗證所顯示，訴訟當事人對於其親自參與之裁判過程越能信服、滿足，則其自動自發順從裁判內容所示紛爭解決方案之機率亦恒屬越高，此乃當事人越能接納裁判結果之表徵。」邱聯恭，程序制度機能論，臺大法學叢書52，1998年，頁205以下。

論，一方面，主觀上法院必須尊重當事人選法的意願，適度將法官享有之選法權力分享與各該當事人，促成其信賴最終判決的結果；另外一方面，客觀上法院必須確保選法的結果合乎實體法上的主流價值（the prevailing value），將實體正義（material justice）融入衝突正義（conflicts justice）之內涵[50]，使得選法的範圍不至於逸脫國家的監督與控制而顯得漫無目的，特別是在國際公序或是重大國內公共法規政策（如「即刻適用法」）的約束下，妥善地調和個人與國家的利益衝突問題。

上述各說均從實體法價值出發，主張法院應以不同於中立、抽象的衝突法則的方式適用法律，臺灣國際私法學界一般又將之稱爲「實體法方法論」學派。值得一提的是，臺灣最高法院2007年與2008年的判決中[51]，明白指出「侵權行爲法之理想，在給予被害人迅速及合理之賠償，務使其能獲得通常在其住所地可得到之保障及賠償」此一實體法上之主要價值，並且引用了分割爭點方法（issue-by-issue）將侵權行爲的損害賠償成立問題與損害賠償範圍問題，分別適用不同的法律規定，以期達到具體個案裁判之妥當性[52]。這標誌著實體方法論不僅在理論基礎的發展上已經取得了一定的進展，在實務判決上亦漸受重視。

---

[50] 此亦爲現今國際私法學發展之新趨勢。陳榮傳，國際私法立法的新思維，月旦法學雜誌，第89期，頁60。

[51] 最高法院96年台上字第1804號判決、97年台上字第1838號判決。

[52] 林恩瑋，同註17，頁185-222。

二、中國式國際私法的哲學提出

　　與實體法方法論相關的，則是近年來臺灣國際私法學者在理論基礎的哲學建構上，試圖擺脫傳統的西洋哲學價值基礎，另行尋求以亞洲價值，特別是中國的法律哲學基礎進行連結。

　　將國際私法學基礎與中國式法律哲學連結的構想，主要來自於兩岸國際私法交流頻繁的會議中的發想。2009年在臺北舉辦的第5屆兩岸國際私法會議，趙相林教授與黃進教授倡議「兩岸應發展具有中華文化特色的國際私法」的共同構想，當時引起熱迴響。在臺灣，大力贊同這個構想的，首推東海大學的陳隆修教授。陳教授不但對於「建立具有中華文化特色的國際私法」這個構想表示支持，並努力將之付諸實行。在他個人的努力下，先後於2012年7月、2013年4月完成了「中國思想下的全球化選法規則」[53]與「中國思想下的全球化管轄規則」二部作品，倡導以中國傳統王道精神（the way of heavenly beneficence）作為整個中國式法學的核心基礎[54]。

　　在管轄衝突問題方面，檢驗英美法系與大陸法系的管轄權規則，包括英、美法院行之已久的所在權力理論（presence power）、困擾性及壓迫性（oppresive or vexatious）原則、訴訟通知境外送達與管轄裁量權，以及為避免造成管轄積極衝突（即「平行訴訟」，parallel proceedings或「複數訴訟」，

---

[53] 陳隆修，中國思想下的全球化選法規則，五南圖書，2012年。

[54] 陳隆修教授認為，中國的王道哲學（例如禮運大同篇描述的理想社會型態）與聯合國數次宣言的理想是一致的，所謂「天道無親，恆與善人」「不患寡患不均」亦與訴訟法、實體法核心基本政策發展方向一致。陳隆修，同註18，頁509。

multiples proceedings）而使用的不方便法院原則（forum non coveniens）、禁訴令（anti-suit injunction）及大陸法系所採用的先繫屬優先（litispendence; lis pendens）原則等，其最終之目的均在於確保案件為受訴法院管轄時，能夠合適地去達成正義之目的，而此適為中國王道文化之核心。中國王道文化強調道法自然，在法學基礎上的理解，即法律的演進為大自然進化之一環，若無明顯的理由不應輕易違背自然進化的法則。因此，邏輯並非法律的最高價值，管轄權規則的建構上亦應該如此去思考。陳隆修教授如此寫著：「如果一幅畫勝過千句言語，那麼一顆正義的心勝過一千個人權公約。無論『方便與不方便法院』法學之邏輯一致性為何，必要時應如Connelly v. RTZ Corpn. PLC案所顯示，於特殊情形下實質正義（substantial justice）的達成應超越其他考量，亦即『方便與不方便法院』法學的心與靈魂在於『**是否正義的真正利益最能被達成**』——而個人認為，這亦是中國思想下二十一世紀全球化法學的心與靈魂[55]。」

在選法規則方面，主要是延續針對傳統的區域選法規則（jurisdiction-selection rules）與新選法規則：包括政府利益分析說、最重要牽連理論、較佳法則理論以及比較損害方式理論等的批判。經由許多案例的討論與不斷的反覆推論，陳隆修教授主張：「無論於國際案件或國內案件上，為避免造成『武斷及基本上不公平的後果』，實體政策的分析不但是必要的，而且通常應作為主要之基準。這種實體政策分析之方法論幾乎可適用於國際及國內法之大部分之公、私法之範疇內，無論於國際或國內案

---

[55] 陳隆修，同註18，頁505-506。

件，採用實體政策之分析，通常皆可促進相關領域之發展。」是
以「法學上沒有理論之不同，只有進化腳步的不同」，處理衝突
法案件的依據，應以所牽連部門實體上最先進或最能為大多數所
接受之主流共同核心價值、政策、原則或潮流為準。惟須注意
的，是在採用這些主流共同核心價值、政策、原則或潮流的同
時，應當回歸中國禮運大同的王道精神，而摒棄英美法注重市場
功效的迷思，務實的採行適合法院地國情的法律哲學。陳隆修教
授進一步指出：「個人以為階梯式法律、經濟、社會、科技、
及環保理論，只是公開的承認落後國家務實的追隨先進國家的
發展過程以求得發展、進化的基本生存權而已。基本生存權——
無論第一世界承認與否——自然是超越所有的聯合國及歐盟的人
權公約，而為所有法律中最強行的基本政策。（……中略）或
許二十一世紀可以見證不患寡患不均禮運大同王道式的中國法
學，與西方本著促進利益為基礎的法學之不同處。不過中國式法
學最後之詮釋權仍是操之於兩岸年輕同僚之手中[56]。」

　　整體來說，中國式國際私法哲學建構的提出，是首次將實體
法方法論的精神貫穿了管轄衝突與法律衝突的領域，並且試圖對
過去西方國際私法哲學中所強調的利益趨向與連繫趨向進行挑
戰。儘管王道精神的內涵與意義尚待進一步的探究，但不可否認
的是，這個特別的理論發展在近十年臺灣國際私法學史上實別具
意義，值得繼續觀察。

---

[56] 陳隆修，同註53，頁356-358。刪節號為作者自加。

伍、結　論

　　相較於以往，臺灣國際私法學研究在近十年來由於青壯學者的不斷投入與耕耘，並隨著2010年修正涉外民事法律適用法的出檯，在作品的質量與數量上都有了明顯的增長。其中對於研究範圍與議題的擴增，以及研究方法的更新，更有著不同以往的新風貌，僅係單純地引介外國的國際私法新理論或立法發展等作品，已不足以滿足臺灣國際私法學界的需求。

　　隨著臺灣司法實務界在近年來開始累積大量的國際私法案例，臺灣國際私法學界亦開始將研究的觸角伸向案例分析，並試圖建立理論與實務的橋樑，為臺灣司法實務界提供具體可行的法律意見。案例分析有助於臺灣國際私法學界與實務的良性循環，也促進了兩方的溝通，對整體涉外案件裁判品質的提升有相當的助益。

　　同時，臺灣國際私法學界中亦有人試圖跳脫歐美國際私法哲學基礎，另外尋求亞洲價值──特別是中國法律哲學思想，作為處理涉外管轄衝突與法律衝突案件中之最高指導原則。王道文化／精神的採用，意味著臺灣國際私法學界不滿足於跟隨歐美的市場利益趨向規則，而希望能夠透過中國式法律哲學，適當地修正涉外案件判決中選用管轄／法律的不正義現象。無論如何，這些法學上的嘗試都標誌著臺灣國際私法學界勇於創新的特質，在下一個十年，是否這些新的嘗試能構成為臺灣國際私法學界，甚至兩岸國際私法學界的研究主流？頗值期待。

參考文獻

一、中文專書

王泰升，臺灣法的世紀變革，元照，2005年。

李後政，國際民事訴訟法論，增訂第3版，五南圖書，2015年。

李瑞生；陳隆修；許兆慶；林恩瑋，國際私法：管轄與選法理論之交錯，五南圖書，2009年。

林恩瑋，國際私法理論與案例研究，五南圖書，2013年。

邱聯恭，程序制度機能論，臺大法學叢書52，1998年。

梅仲協，國際私法新論，三民書局，1990年。

陳隆修，2005年海牙法院選擇公約評析，五南圖書，2009年。

陳隆修，中國思想下的全球化管轄規則，五南圖書，2013年。

陳隆修，中國思想下的全球化選法規則，五南圖書，2012年。

陳隆修，美國國際私法新理論，五南圖書，1987年

陳隆修；許兆慶；宋連斌，國際私法：國際程序法新視界，五南圖書，2011年。

陳榮傳，國際私法實用：涉外民事案例研析，五南圖書，2015年。

黃國昌，國際民事管轄權之理論與實務，元照，2009年。

賴來焜，國際私法中區際法律衝突之研究，馬漢寶教授八秩華誕祝壽論文集，法律哲理與制度：國際私法，元照，2006年。

賴來焜，當代國際私法學之基礎理論——建立以「連結因素」為中心之理論體系，自刊，2001年。

賴淳良主編，吳光平副主編，國際私法裁判選析，元照，2016年。

二、中文期刊論文

王海南，由涉外婚姻事件定性方法評臺灣臺南地方法院九十二年度家訴字第八號民事判決，月旦裁判時報，第21期，2013年6月。

王國治，從東西德國法律衝突論臺灣、香港、澳門與大陸地區衝突法，臺灣海洋法學報，第5卷第2期，2006年12月。

王欽彥，中國大陸人民法院判決效力之承認與憲法之訴訟權保障，成大法學，第23期，2012年6月。

伍偉華，大陸地區法律之證明及適用，法學新論，第12期，2009年7月。

伍偉華，兩岸司法互助和交流機制—以避免兩岸雙重訴訟（平行訴訟）、文書送達、調查取證、裁判文書認可等問題為中心，刑事法雜誌，第56卷第6期，2012年12月。

伍偉華，涉陸婚姻事件之區際管轄與法律適用，法學叢刊，第58卷第4期，2013年10月。

伍偉華，視訊會面交往—美國家事法探視權之借鏡，法令月刊，第65卷第4期，2014年4月。

伍偉華，經臺灣法院裁定認可確定之大陸民事確定裁判及仲裁判斷是否有既判力？—最高法院96年度台上字第2531號判決、97年度台上字第2376號判決之分析，國立臺灣大學法學論叢，第38卷第4期，2009年12月。

伍偉華，經臺灣法院裁定認可確定之大陸仲裁判斷是否有既判力？—最高法院97年度台上字第2258號判決等見解之分析，仲裁，第88期，2009年6月，頁66-86。

伍偉華，臺灣涉陸確認婚姻無效訴訟之區際衝突法，賴來焜編，2007兩岸國際私法研討會論文集，元照，2008年3月。

江雅綺，論歐盟國際私法規則的統一—以國際民事管轄權爲例，臺灣國際法季刊，第4卷4期，2007年12月。

何佳芳，日本民事訴訟法中國際裁判管轄之立法芻議與對我國之借鏡，臺灣法學雜誌，第135期，2009年9月。

何佳芳，日本新國際私法之侵權行爲準據法—兼論我國涉外民事法律適用法及其修正草案之相關條文，法學新論，第2期，2008年9月。

吳光平，涉外專利權侵害之法律適用—智慧財產法院100年度民專上字第21號民事判決評析，月旦法學雜誌，第218期，2013年7月。

吳光平，涉外勞動契約與資遣費請求之法律適用—從最高法院99年度台上字第109號判決談起，月旦法學雜誌，第207期，2012年8月。

吳光平，國際合意管轄之效果—從最高法院101年度台抗字第259號裁定談起，月旦法學雜誌，第220期，2013年9月。

吳光平，國際私法上侵權行爲準據法立法新趨勢與東亞諸國侵權行爲準據法之改革，國立中正大學法學集刊，第50期，2016年1月。

吳光陸，從案例研究大陸地區判決在臺灣地區強制執行之救濟，法令月刊，第61卷第7期，2010年7月。

沈冠伶，親權及交付子女事件之外國裁判的承認及執行與「未成年子女最佳利益保護」原則，臺灣本土法學雜誌，第84期，2006年7月。

林恩瑋，涉陸婚姻事件之法律適用問題研究，東海大學法學研究，第42期，2014年4月。

林恩瑋，國際私法上「分割爭點（issue-by-issue）」方法之適用—以

最高法院兩則判決爲中心，政大法學評論，第119期，2011年2月。

林恩瑋，國際私法上外國懲罰性賠償金判決之承認－以臺灣實務裁判爲中心，法學叢刊，第56卷第3期，2011年7月。

林恩瑋，國際私法上締約過失問題之研究：以歐盟2007年7月11日第864/2007號關於非契約之債準據法規則（羅馬二號規則）爲例，財產法暨經濟法，第25期，2011年3月。

林恩瑋，國際私法上選購法院（forum shopping）問題之研究，東海大學法學研究，第47期，2015年12月。

林恩瑋，開放方式的選法理論，東海大學法學研究，第27期，2007年12月。

林益山，兩岸收養法制之比較評析與衝突解決之研究，中央警察大學法學論集，第18期，2010年4月。

姜世明，大陸地區民事確定判決之承認與執行－評最高法院96年台上字第2531號民事判決，臺灣法學雜誌，第123期，2009年3月。

柯澤東，從國際私法方法論探討契約準據法發展新趨勢－並略評兩岸現行法，臺灣大學法學論叢，第23卷第1期，1993年12月。

徐美貞，外國離婚判決承認與執行－兼論最高法院96年台上字第582號判決，眞理財經法學，第14期，2015年3月。

馬漢寶，談國際私法案件之處理，軍法專刊第28卷第11期，1982年11月。

張文郁，論大陸判決之承認－兼評最高法院96年度台上字第2531號判決和97年度台上字第2376號民事判決，月旦法學雜誌，第178期，2010年3月。

張銘晃，國際裁判管轄決定論－從總論方法評述我國實務現狀，法官
　　協會雜誌，第13期，2011年12月。

許兆慶，國際私法上「不便利法庭」原則之最新發展－以美國聯邦最
　　高法院Sinochem International Co. Ltd. v. Malaysia International
　　Shipping Corporation案為中心，中華國際法與超國界法評論，
　　第4卷第2期，2008年12月。

許兆慶，國際私法連繫因素實體化簡析，文章收錄於許兆慶主編，吳
　　光平助編，國際私法論文選輯，翰蘆，2005年9月。

許兆慶，國際信託之國際裁判管轄，東海大學法學研究，第31期，
　　2009年12月。

許耀明，「家」的解構與重構：從法國、德國、比利時與歐盟層次新
　　近法制談」異性婚姻」外之其他共同生活關係，東海大學法學
　　研究，第25期，2006年12月。

許耀明，2005海牙合意管轄公約述評，玄奘法律學報，第10期，
　　2008年12月。

許耀明，外國判決之承認與執行－最高法院97年台上第835號判決與
　　相關判決述評，月旦法學教室，第127期，2013年5月。

許耀明，兩岸新國際私法典中關於離婚準據法之規定與省思－兼論歐
　　盟羅馬規則Ⅲ，月旦民商法雜誌，第35期，2012年3月。

許耀明，法國國際私法上之國際管轄權決定原則－以涉外勞動契約之
　　國際管轄權決定為例，興大法學，第1期，2007年5月。

許耀明，涉外侵權行為之準據法、時際法與三論選法規則之強行性－
　　最高法院102年度台上字第90號判決評釋，月旦裁判時報，第24
　　期，2013年12月。

許耀明，歐盟國際私法之發展與其對國際法秩序之影響：以歐盟於盧

　　加諾公約與海牙國際私法會議之參與為例，歐美研究，第44卷
　　第3期，2014年9月。

許耀明，繼承準據法：歐盟650/2012號規則對於兩岸國際私法之啓
　　示，月旦財經法雜誌，第34期，2014年5月。

陳長文，國際私法方法論之回顧與展望（上）（下），法令月刊，第
　　35卷第6、7期，1984年7、8月。

陳啓垂，訴訟繫屬於外國法院，月旦民商法雜誌，第41期，2013年9
　　月。

陳隆修，2005年海牙《選擇法院協議公約》－是福還是禍？，中國
　　國際私法與比較法年刊，第12期，2009年10月。

陳隆修，父母責任、管轄規則與實體法方法論相關議題評析，東海大
　　學法學研究，第25期，2006年12月。

陳榮傳，涉外假結婚的事實認定及法律適用，月旦法學雜誌，第182
　　期，2010年7月。

陳榮傳，涉外與涉陸收養準據法之研究，臺北大學法學論叢，第66
　　期，2008年6月。

黃國昌，一個美麗的錯誤：裁定認可之中國大陸判決有無既判力？－
　　評最高法院96年度台上字第2531號判決，月旦法學雜誌，第167
　　期，2009年4月。

劉昌坪，從憲法角度檢視臺灣地區與大陸地區人民關係條例第74條
　　規定－最高法院96年度台上字第2531號、97年度台上字第2376
　　號判決評釋，月旦裁判時報，第20期，2013年4月。

蔡晶瑩，外國法適用之限制──臺灣涉外民事法律適用法第25條以
　　及德國民法施行法第6條之規定，月旦民商法雜誌，第14期，
　　2006年12月。

蔡華凱，我國具有國際裁判管轄權？—論臺美間爭奪子女事件，中華
　　國際法與超國界法評論，第3卷2期，2007年12月。

蔡華凱，涉外民事保全程序之基礎問題研究，月旦法學雜誌，第214
　　期，2013年3月。

蔡華凱，國際私法上之繼承與遺囑—以最高法院102年度台上字第
　　392號民事判決爲例，月旦裁判時報，第26期，2014年4月。

謝志鵬，1999年德國國際私法有關非法契約之債法律關係新法規與
　　我國修正草案相關條文之比較，政大法學評論，第100期，2007
　　年12月。

謝哲勝，外國懲罰性賠償判決許可執行，中華國際法與超國界法評
　　論，第7卷2期，2011年12月。

家圖書館出版品預行編目資料

際私法理論與案例研究（二）／林恩瑋著.--
版--.--臺北市：五南圖書出版股份有限公
, 2017.03
面；　公分

BN 978-957-11-9046-4（平裝）

國際私法　2.個案研究

9.91　　　　　　　　　　106001017

1T83

國際私法理論與案例
研究（二）

作　　者 — 林恩瑋(122.3)

發 行 人 — 楊榮川

總 經 理 — 楊士清

總 編 輯 — 楊秀麗

副總編輯 — 劉靜芬

責任編輯 — 張若婕、王政軒

封面設計 — P.Design視覺企劃

出 版 者 — 五南圖書出版股份有限公司

地　　址：106台北市大安區和平東路二段339號4樓

電　　話：(02)2705-5066　傳　　真：(02)2706-6100

網　　址：https://www.wunan.com.tw

電子郵件：wunan@wunan.com.tw

劃撥帳號：01068953

戶　　名：五南圖書出版股份有限公司

法律顧問　林勝安律師

出版日期　2017年 3 月初版一刷

　　　　　2023年 8 月初版三刷

定　　價　新臺幣350元

經典永恆・名著常在

五十週年的獻禮——經典名著文庫

五南，五十年了，半個世紀，人生旅程的一大半，走過來了。

思索著，邁向百年的未來歷程，能為知識界、文化學術界作些什麼？

在速食文化的生態下，有什麼值得讓人雋永品味的？

歷代經典・當今名著，經過時間的洗禮，千錘百鍊，流傳至今，光芒耀人；

不僅使我們能領悟前人的智慧，同時也增深加廣我們思考的深度與視野。

我們決心投入巨資，有計畫的系統梳選，成立「經典名著文庫」，

希望收入古今中外思想性的、充滿睿智與獨見的經典、名著。

這是一項理想性的、永續性的巨大出版工程。

不在意讀者的眾寡，只考慮它的學術價值，力求完整展現先哲思想的軌跡；

為知識界開啟一片智慧之窗，營造一座百花綻放的世界文明公園，

任君遨遊、取菁吸蜜、嘉惠學子！